まえがき

私の専門は「失われた文明の真相」だ。300万部以上売れた『神々の指紋』を翻訳して以来、20年間ほど「1万2000年前に失われた文明」の調査をしてきた。だが、古代文明の調査は7年前に休止している。なぜなら失われた文明の痕跡は海底に埋もれているか、完全に破壊されていて調査に限界があることを知ったからだ。

次のテーマとして選んだのが「誰が世界を支配しているのか?」だった。

「誰が世界を支配しているのか?」は若い頃から疑問に思っていた。私たち日本人は主に極東のことにしか興味がない。ところが欧米の知識人は「地球の運営」に興味を持っていることを感じたのだ。

そこでマサチューセッツ工科大学のノーム・チョムスキー名誉教授の書いた『誰が世界を支配しているのか?』を翻訳した。[注1] チョムスキーの本気度も知りたくて、2018年にはアリゾナ大学を訪れてインタビューもした。

チョムスキーの見解では、現在の世界を支配しているのは多国籍企業であり、米国の外交政策を提言する外交問題評議会のメンバーたちだという。[注2]また世界のほとんどの国の知識人たちは「世界一のテロ国家はアメリカだ」と思っているという。[注3]

『文明の衝突』の著者サミュエル・ハンチントンも「孤独な超大国」という記事の中で「米国はならず者超大国になっている」と指摘している。[注4]「史上最悪の、ならず者国家は米国だ！」と訴える世界的なベストセラーもある。[注5]

10年前の2013年12月のギャラップ・インターナショナルによる世界の世論調査でも「世界平和にとって最大の脅威」とみなされているのは圧倒的に米国だった。

近年の欧米のプロパガンダの成功で、「世界平和にとって最大の脅威」はロシアと中国に変わってきていると、多くの日本人は思われるだろう。ところが欧米以外の国々、つまりアジア、アフリカ、中東などの国々では、相変わらず米国こそが「世界平和にとって最大の脅威」だと思われている。その証拠にロシアの経済制裁に参加しない国が150カ国も存在する。

ノーム・チョムスキー教授の影響で私の世界観が大きく変わったわけだが、同じ頃、エレン・ブラウン著の『負債の網』[注6]に出会った。『負債の網』は、世界がどのように支配されているかを金融面から捉えた本だ。この本を翻訳して世の中の役に立とうと思い、エレン・ブラウン女史に連絡をしたら、すでに日本での出版が決まっていた。そこで、経済雑誌で彼女の経済論を連載した。[注7]

そんな時『アングロ・アメリカン支配者層』という本に出会った。[注8]ウクライナ戦争がなぜ始まったのかを調べている時だった。著者はクリントン元大統領がもっとも影響を受けたというジョージタウン大学のキャロル・クイグリー教授だ。

この本でクイグリー教授は世界を支配しているのはアングロ・アメリカン支配者層だという。アングロというのはイギリス系を意味しており、アングロ・アメリカン支配者層というのは英国と米国のエリート層のことだ。英米支配者層と言っても良い。つまり米国を支配している政治階級であり、スーパーリッチたちだ。彼らの中心には世界の金融を支配している人々がいる。当然のことながらチョムスキーが世界の支配者だという多国籍企業の持ち主や、外交問題評議会のメンバーなども含まれる。ロシア連邦のプーチン大統領は、このグループを「アングロサクソン支配者層」と呼んでいる。

私がこの本で目指しているのは、世界の支配者である欧米エリート層がどのように世界を支配しているのか、何を企んでいるのか、そしてこれからの世界はどうなるのかを示すことだ。

2023年3月に習近平主席がロシアを3日間訪問して、プーチン大統領と10時間も会談した。この時に世界は大きく変わってしまった。二人は英米支配者層による、世界の一極支配をこれ以上許さないことを決めている。

そのことを鮮やかに示しているのが、中国外務省が2023年2月20日に発表した「米国の覇権とその危うさ」[注9]という文書だ。中国とロシアは一体となり、英米支配者層による世界一極支配と戦う覚悟を固めた。ロシアと中国は当然ながら、米国との核戦争も想定している。つまり、世界を終わらせる最終世界大戦も視野に入っているのだ。この重大な危機について日本のマスコミは取り上げない。そこでこの本を書かなくてはならないと感じた。

本書では欧米エリート層による世界支配の歴史から、金融の仕組み、資本主義の始まり、ウクライナ戦争、新型コロナ騒動、帝国主義や植民地主義とアジアや日本の関係、第三次世界大戦が始まっているなど、多岐にわたる問題を取り上げている。

結論を言ってしまうと、５００年間続いている欧米人による地球支配を終わらせなければいけないことだ。そして日本人には欧米による世界支配を終わらせる特殊な使命がある。日本人がその使命をまっとうするには、まず「欧米崇拝」をやめなければならない。

本書を書き始めたのは２０２２年の10月だ。９月にＹｏｕＴｕｂｅの大地舜チャネルが完全削除された。理由は世界保健機構（ＷＨＯ）と違う意見を述べたからだ。そう、私は「新型コロナ・ワクチンを接種してはいけない！」と主張するウイルス専門家の意見を紹介していたのだ。

その後、ウクライナ戦争が始まった。日本のロシア専門家たちのほとんどは、戦争が起こることを予想していなかった。ところが戦争が起こった。

そこで欧米の専門家の意見を調査してみた。欧米のロシア専門家、歴史家、ジャーナリストの多くは「ウクライナ戦争は欧米の代理戦争として必ず起こる」と、２０１９年には予想していた。欧米の専門家たちは、日本のマスメディアに登場するロシア専門家たちよりも、はるかに世界事情に詳しいことが明らかだ。そこで、大地舜チャネルでは、欧米の専門家の意見に基づく「ウクライナ戦争の真相」も取り上げていた。

ところがその全てが、完全に削除されてしまった。

欧米エリート層に支配されている今の世界は、言論統制が厳しい。書籍の世界ならば、少しは自由が残っているかもしれないと思い本書を書くことにした。

本書を書き終わってわかったのは、毎日の新聞やテレビからみえる日本社会の常識は私の見解と大きく異なることだ。私の常識は日本人の80パーセントからは異端だと思われるだろう。だが非欧米社会の知識人の80パーセントからは同意を得られると思う。わたしは日本のテレビや新聞を読むが、それだけでは世界情勢の真相はわからないと感じて、インターネットから多くの情報を得ている。

世界は円錐形なのかもしれない。私は真上から見ているので丸く見える、多くの日本人は横から見ているので三角に見える。実際の世界が丸なのか三角なのかは、本書を読む読者の方に厳しく判断をしてもらいたい。

2023年9月

大地舜　　翻訳家・ジャーナリスト

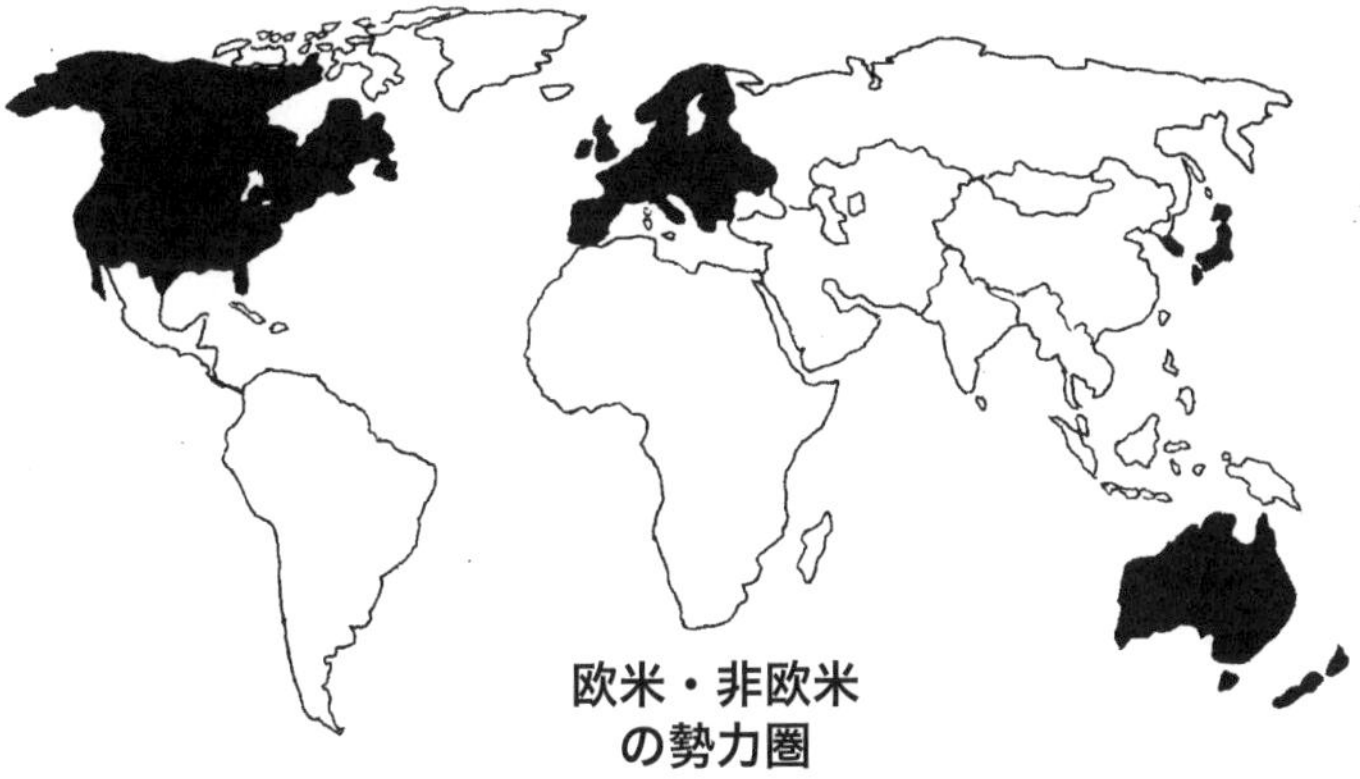
欧米・非欧米
の勢力圏

目次

《第1部》
英米支配者層による
世界支配

第1章 『アングロ・アメリカン支配者層』

　この本を書く気になったのは2022年の7月だ。『アングロ・アメリカン支配者層』キャロル・クイグリー著［注1］を読み終えてからだ。

　著者のキャロル・クイグリーは、ジョージタウン大学の教授だ。ビル・クリントン元大統領が「私が一番影響を受けた教授だ」と述べていることが、世の中ではよく知られている。

　クイグリー教授の代表作は1966年に出版された『悲劇と希望』という本だ。［注2］この本には1900年ごろから1964年ごろまでの現代史が描かれている。『悲劇と希望』の結論は「金融資本家たちは遠大な計画を持っている。世界の金融システムを私的に支配するという目的を持っている。つまり世界経済を支配下に収めることを想定している」というものだ。［注3］

一方、『アングロ・アメリカン支配者層』は19世紀から20世紀の中頃までを網羅しており、内容は大英帝国の話に絞られている。『アングロ・アメリカン支配者層』は、1949年に書かれている。だが出版されたのは著者が亡くなってから4年たった1981年のことだ。死後に出版した理由は不明だが、クイグリー教授の序文を読むと推測できる。

序文を要約しておこう。

序文

ローズ奨学金制度は誰でも知っている。しかし、知られていないのは、大英帝国の維持と拡大に力を注ぐ秘密結社設立のために、セシル・ローズが財産を残したことだ。そして、誰も知らないのは、この秘密結社が、今日まで存続していることだ。

この秘密結社はメンバー同士が親しいので、秘密保持の誓いも、入会手続きもない。だが、秘密の集会は存在し、上級メンバーが主宰する秘密の会合がたびたび開かれている。

秘密結社が結成されたのは1891年だが、それ以来、大富豪セシル・ローズ、ミルナー卿（政治家）、セルボーン卿（大法官）、パトリック・ダンカン卿（南アフリカ連邦総督）、ヤン・スマッツ陸軍元帥などが、さまざまな場面でこれらの会合を主宰してきた。

この秘密集団は、「ミルナーの幼稚園」、「円卓会議グループ」、「ローズ仲間」、「タイムズ仲間」[注4]、「オール・ソウルズ仲間」[注5]、「クリヴデン仲間」[注6]などと呼ばれた時期がある。私はこれを「ミルナー・グループ」と呼ぶことにした。

この種の秘密結社の歴史を部外者が書くのは容易ではないが、内部者が書こうとしない以上、部外者が試みなければならない。なぜなら、このグループは、これから述べるように、20世紀における最も重要な歴史的事実の一つだからだ。

私は一般的に、ミルナー・グループの目標や目的には賛成だ。しかし、目標には同意できても、方法については同意できないことが多い。彼らのやり方は、善意と高い理想に基づくもので、私よりも高い理想を持っていたかもしれない。

しかし、重大な局面における彼らの見通しの悪さ、実力よりも友情によって選ばれた人々に権力を与える傾向、他国の人、他の階級の人々の視点に対する彼らの無知、これらのことが、彼らや私が大切にしているものの多くを、破滅に近づけたように思える。

グループ内には、私たちに災いをもたらすような生き方をした人たちがいた。残念ながら、長い目で見ると、グループ内でも、世界でも、後者の影響の方が強い。これが私の個人的な見解だ。

真実には語られる権利があると思う。そして、いったん語られれば、「真実」は善意の人々への害とはならないと思う。

１９４９年　　C．Q．[注7]

序文を読むと、クイグリー教授が「真実は語らなければならないが、死んだ後で良い」と考えたことが憶測できる。生きている時に発表すると、制裁を受ける可能性があったのだ。

秘密結社の目的とメンバーたち

それでは「20世紀における最も重要な歴史的事実の一つ」とクイグリー教授がいう事実を見ていこう。まずは、秘密結社の目的だ。目的については、セシル・ローズの遺言書（1877年）に、以下のように書かれている。

大英帝国の支配を世界中に拡大する。すべての土地を、英国民が植民地化する。究極的にはアメリカ合衆国を大英帝国の一部として復帰させる。最終的には偉大な強国を作り、戦争を不可能にして、人類の最善の利益を促進する。［注8］

この目的を達成するために、ローズは全財産をイエズス会に倣った秘密結社に使用するようにと遺言している。秘密結社の「問題を検討する際には、イエズス会の憲法を用い、『ローマカトリック教団』の代わりに『イギリス帝国』を挿入するように」とローズは述べている。［注9］

ローズはこの秘密結社のメンバーにしたい人々についても述べている。

国に奉仕する道を見いだせていない人々。学校や大学から集められた有能な若者。人生に目標を持たない裕福な人々。大志を持ちながら機会を得られていない若者。大金持ちだが失望している男たち。これらの人々は、すべて能力が高く、人格者でなければならない。

ローズが描いていたのは、有能で、善意を持つ、無私の精神によって結ばれた集団だ。これはイエズス会のような宗教集団であり、「大英帝国を拡大するための教会」なのだ。[注10]

秘密結社の最初のメンバーは3名だった。

3人は、すでにイギリスではよく知られた存在だった。リーダーはもちろん大富豪で、南アフリカで最も重要な人物であったセシル・ローズだ。二人目は、当時、非常に有名で、センセーショナルなジャーナリストであったウィリアム・T・ステッド。

3人目は、ヴィクトリア女王の友人にして腹心の部下であったレジナル・バリオール・ブレットだ。ブレットは後に英国の国王エドワード7世とジョージ5世の最も有力な顧問となっている。

このオリジナルメンバーが計画を作り、新しいメンバーを勧誘した。まず、ローズの財産の管理運営と投資はロスチャイルド卿に任された。ローズが大富豪になれたのは、ロスチャイルド卿の支援の賜物であったのだ。そして次に、ローズの後継者となったミルナー卿が勧誘された。

1891年2月、ステッドとローズは、結社の組織について話し合い、内輪の「選ばれた人々」と、外輪の「協力者グループ」に分け、「選ばれた人々」の計画をロスチャイルド卿に明らかにした。『アングロ・アメリカン支配者層』には、この秘密集団が、大英帝国の政治、経済、外交、植民地経営に大きな影響力を持っていたことが示されている。

秘密結社の目的を達成するための手段についてセシル・ローズとミルナー卿は、全く別の考えを持っていたが、その両者の手段が見事に噛み合って、成功している。クイグリー教授は次のように書く。

ローズは、目的の達成が、巨万の富を得ることによって得られると考えた。ミルナーは、静かなプロパガンダと勤勉さ、そして個人的な人間関係によって得られると思っていた。

両者とも相手のやり方を否定せず、共通の夢を実現するために、相手のやり方を機会あるごとに利用しようと考えていた。1902年にローズが死去すると、ミルナー卿はローズの資金を管理し、それを宣伝機関の潤滑油として使うことができた。

両者とも、世界、とりわけ英語圏の世界を、イギリスを中心とする連邦制に統一しようとしていた。この目標を達成するには、共通の目的への献身と個人的な忠誠心によって結ばれている秘密の絆が最適であると、両者とも考えていた。

そして、この絆は、政治的、経済的に裏から影響力を持ち、ジャーナリズム、教育、宣伝機関をコントロールすることによって、その目標を追求すべきであると考えていた。[注11]

この秘密集団のジャーナリズム機関として設立されたのが、『ロンドン・タイムズ』とも呼ばれる世界最初の新聞『ザ・タイムズ』だ。教育の中心となったのは、主としてオックスフォード大学だった。宣伝機関であり、政策立案の頭脳となったのが「王立国際問題研究所」(チャタムハウス)であり、米国の姉妹機関「外交問題評議会」だった。

1921年に米国で設立された「外交問題評議会」は、非営利の会員組織であり、世界情勢を分析して政策提言をする団体だ。設立の立役者はデービッド・ロックフェラーだ。この評議会の会員になることは名誉とされ、多くのオピニオンリーダーがメンバーとなっている。まさに現代の「ミルナー・グループ」であり、影の世界政府とも言われている。

「外交問題評議会」は『フォーリン・アフェアーズ』という雑誌を発行している。世界の政治経済に大きな影響力を持っている雑誌で、日本では『フォーリン・アフェアーズ・レポート』という翻訳版を読むことができる。

季刊誌『新展望』(New perspectives Quarterly)を発行していたグループがあるが、

彼らは『フォーリン・アフェアーズ』では物足りないと感じるユダヤ系のメンバーだった。[注12]

一方、英国の「王立国際問題研究所」の設立資金を出したのはＪＰモルガンだ。設立した中心人物はライオネル・カーチスであり、ミルナー卿の後継者となっている。この秘密集団は英国では今でも保守党への影響力が強く、労働党からは距離を置いているという。[注13]

私たちが知っている現代の典型的な「ミルナー・グループ」メンバーは、英国ではウインストン・チャーチル元首相であり、チャーチルの信奉者であるボリス・ジョンソン元首相。だが、英国保守党のメンバーのほとんどが「ミルナー・グループ」の思想を継承していると考えて良い。米国の政治家ではクリントンやブッシュ一族などが典型だ。実業界ではデービッド・ロックフェラーやビル・ゲイツなどの大富豪たちだ。

クイグリー教授は「ミルナー・グループ」の影響力が強くなりすぎたことを以下のように警戒している。

ミルナー・グループが支配する王立国際問題研究所は、英語圏の国々で、非常に大きな影響力を持っている。この研究所が行使している影響力を、ミルナー・グループが教育、行政、新聞、定期刊行物などで支配している影響力と合わせると、実に恐ろしい図式が浮かび上がってくる。

この図式が恐ろしいのは、ミルナー・グループの権力が邪悪な目的のために使われたからではない。恐ろしいのは、そのような力は、それがどのような目的であろうと、どのようなグループであっても、委ねるには大きすぎるからだ。[注14]

この警告は、「現代世界への警告」のように、私には聞こえる。米国と英国ではこの秘密集団が今も圧倒的な力を持っているが、このような権力集中による一極支配は、世界を危険にすると思う。

目的の達成度

次に、このグループの目的が、現代世界でどの程度まで達成されているかを検討してみよう。この秘密集団の目的をまとめると次の4つになる。

❶大英帝国の支配を世界中に拡大して、世界を植民地化する。
❷アメリカ合衆国を大英帝国の一部として回復させる。
❸偉大な強国を作り、戦争を不可能にする。
❹人類の最善の利益を促進する。

一番目は「大英帝国による支配を世界中に拡大して、世界を植民地化する」計画だ。世界を植民地化する計画は第二次世界大戦で、日本が英国や米国相手に戦ったために潰されている。だが、現在は金融資本主義を使った別の形での世界植民地化が、英米支配者層によって企画実行され、かなり成功している。

第二の目的である「アメリカ合衆国を大英帝国の一部として回復させる」計画は見事に成功している。現在の世界の超大国は米国だが、その米国を植民地化したアングロ・アメリカン支配者層（以降は英米支配者層と表記）は、秘密裏に世界を支配している。米国の通貨ドルを世界の基軸通貨に仕立て上げ、世界のマネーを支配し、ソビエト連邦との競争に勝ち、ドイツや日本を属国化して、米国は世界で唯一の超大国の足場を固めた。

第三の目的である「偉大な強国を作り、戦争を不可能にする」もほぼ達成している。米国が超大国になり、全世界に800もの軍事基地を持ち、軍事力で世界を支配しているからだ。だがウクライナ戦争が始まって、英米支配者層による一極支配の世界は、ロシアや中国やインドなど、世界の多くの国々の反抗に直面している。

英米支配者層は「自由民主主義を追求する」と、ミルナー卿の得意とするプロパガンダを流してきたが、その本性が「英米帝国主義者による世界支配」であることを、今では世界中の多くの国々に見抜かれている。

第四の「人類の最善の利益を促進する」は見事に失敗している。英米支配者層が支配する世界は「戦争が多く、貧富の差が広がり、人種差別も激化」している。第2章では「英米支配者層による一極支配主義」が、どんな世界を目指しているのかを見ていこう。

第2章 『アングロサクソンは人間を不幸にする』

私は『アングロ・アメリカン支配者層』を読んで、英米の支配者層が理想としている「大英帝国主義者が好む社会」とは、どんな社会だろうかと考えていた。まず知っておくべきは、英国（4つの連合国で構成：イングランド、ウェールズ、スコットランド、北アイルランド）がどんな国かということだ。

英国のイングランドで近代的な議会制民主主義が生まれたとされているが、これは「貴族のための民主主義」だった。当時、土地を占有していた貴族たちが国王の権力を制限するために行ったのがピューリタン革命だ。［注1］つまり貴族が天下を取ったのだ。一方、庶民は搾取される存在となった。

この頃、イングランドの半分を所有していたのは2500人ほどの地主で、彼らが貴族階級だ。彼らがどのように土地を得たかというと、それは強奪なのだ。17世紀に

おけるイングランドでは、土地は共有財産だった。誰でもが自由に土地を使える仕組みだった。[注2]

それが毛織物工業の発展で様変わりした。羊毛が必要になり、羊のための広大な牧草地が必要になったのだ。そこでイングランド各地で、土地の囲い込みが行われた。土地を囲い込んで、住んでいた農民や庶民たちを追い出したのだ。

それを腕力で行ったのが、大地主たちであり、彼らがのちに貴族となり、議会を作って地主に有利な法律を作り、土地の所有を正当化したのだ。つまり貴族たちの行ったことは土地の略奪と、それを法律で保護することだった。

土地から追い出された農民たちは、その後の産業革命で奴隷のような労働者として工場で働くことになった。そして貧富の差が拡大した。[注3] つまり大英帝国時代のイングランドで行われていたのは、略奪資本主義であり、法による略奪の保護であり、貴族による、貴族のための政治・経済・法律・警察だった。この英国で生まれた資本主義が、帝国主義を生んだのだ。[注4]

当時の金融業者は、今と同じく帝国主義の推進役だった。英米の金融業者はロスチャイルド家の銀行が創業された頃から、戦争や革命で大儲けをしている。[注5] このことは、今では誰でも知っている。

彼らの儲けは、国家と国民の損失を生むが、そのことを理解させないようにと、金融業者はマスメディアを買収して、プロパガンダに邁進している。プロパガンダはミルナー卿が特に重要視していた得意技だ。

『アングロサクソンは人間を不幸にする』という著書の中で、ビル・トッテンは、アングロサクソンの行動原理は「オール・オア・ナッシング」だと分析している。

狩猟民族であるアングロサクソンの考え方は、円満に共存共栄を計らうものではない。勝つか負けるか、弱肉強食の考え方なのである。

一匹のウサギが取れたとしよう。農耕民族の日本人なら、おそらくみんなで獲物を分かち合うだろう。しかし狩猟民族は、獲物をとったものが独り占めするか、あるいはその獲物をめぐって争い、勝ったものが独占する。つまり「オール・オア・ナッシング」。全てを獲るか、何もないかのどちらかなのである。[注6]

「オール・オア・ナッシング」の行動原理は、アングロサクソンのDNAに備わっていると考えられる。それは、ウクライナ戦争を見てもわかる。ウクライナは2022年3月にロシアと停戦交渉を行なって、停戦に踏み切ろうとした。それを止めて戦争を継続させたのが英国のジョンソン首相（当時）であり、米国のバイデン大統領だった。この二人のアングロサクソンには、「オール・オア・ナッシング」の行動原理しかないのだ。

一方、ロシアは戦争を外交の一部であると考えている。これはロシアの戦略家クラウゼヴィッツの『戦争論』に詳しいが、ロシアの政治家は、基本的に「オール・オア・ナッシング」ではなく、外交交渉による妥協を大事にする。

アングロサクソンは北米大陸の先住民であるインディアンたちを、「オール・オア・ナッシング」の思想で殲滅している。オーストラリアの先住民たちも、ほぼ絶滅させられている。

日本との戦争では、無差別攻撃で日本の都市を根こそぎ焼き払い、原爆も3つも4つも落とす計画だった。米国はベトナム戦争も「オール・オア・ナッシング」で戦った。ベトナムに落とした爆弾の量は第二次世界大戦で使われた爆弾総量の3倍だった。

アングロサクソンは勝つためにはなんでもする。生物兵器も使うし、クラスター爆弾はもちろん、原子爆弾も使う。イラク戦争の戦い方も非情だった。アフガニスタンにおける20年戦争も、人々を不幸にするだけだった。

ビル・トッテンの指摘から、もう一つ気がついたことがある。それは狩猟民族であるアングロサクソンは狩猟に猟犬を使うことだ。つまり英米人は代理戦争が得意なのだ。現在はウクライナが英米の猟犬扱いされているが、次に狙われているのが台湾と日本だ。現在の英米は、台湾と日本を猟犬に仕立てあげて、中国やロシアと戦わせようとしているのだが、この事実に気がついている日本人が少ないのは嘆かわしいことだ。

250年前の米国の真の姿

さて、英国の次に250年前の米国の真の姿を見てみよう。

アメリカの巨額の富は、その制度がもたらした成果であり、その結果として、

一握りの人間の利益のために、その他大勢の人間が徹底的な搾取を受けることになった。［注7］

この制度というのは、植民地制度のことだ。英国の貴族が米国植民地の地主となり、プランテーションの所有者となり、貧しい白人が、彼らの奴隷として英国から米国に送られた。しかし英国から犯罪者や貧しい白人を移民させて奴隷として使っても、労働者が不足した。そこで1619年に黒人がアフリカから奴隷として運ばれてきた。その時、米国の地主たちは大歓声を上げて喜んだという。［注8］「徹底的な搾取を受けた人々」というのは貧しい白人であり、奴隷とされた黒人たちなのだ。

法の制定も施行も地主の特権であり、地主が裁判権を有し、無情に、あるいは気まぐれにその権利を行使した。［注9］

当時の米国の土地は英国の貴族たちや金持ちの持つ投資会社に与えられていた。あるいはイギリス国王の直轄領もあった。地主であった貴族たちは、英国にいたときと同様に、法律を我がものとし、自分の利益のためだけに法律を利用していた。つまり法律は、貴族たちの絶対君主としての権利を守るために存在していたわけだ。当時の米国社会は極端な略奪経済主義であった。法律も議会制度も、金持ちや詐欺者たちのためにあったのだ。以下はグスタバス・マイヤーズが書いた『米国の偉大な富の歴史』の一部だ。

議会はもちろん、立法府も腐敗に満ちていた。鉄道会社は補助金を得るやいなや、それまで国有地であった何億エーカーもの土地の所有者となった。「彼らは何百万エーカーもの土地を投機目的で保有し、価格の上昇を待ち、隣接する土地の農民が税金を納めている間、税金を納めずにいた」。旧世界の貴族は武力と詐欺によって財産を手に入れ、その財産を非課税にするように法律を整備した。米国の新しい貴族も同じ方針で進んだ。資本家階級で、腐敗と不正にまみれないものは一人もいなかった。裁判官は、資本家階級の要求や利益と一致する解釈を作り出すことには常に積極的であった。[注10]

米国の建国時代も英国同様、貴族たちが法律を味方にして搾取する世界だったのだ。このような略奪資本主義は、多少の改善は見られるが、現代でも変わっていない。貴族が法律を味方にして搾取する世界は今も存在している。それは現在の米国における黒人たちの境遇を見ればわかる。

米国の黒人たちが公民権を得たのは1964年7月だ。黒人たちが実質的に、奴隷から解放されてから、まだ59年しか経っていないのだ。そして、黒人や先住民であるインディアンたちが、いまだにさまざまな方法で迫害されているのが今のアメリカ合衆国だ。

傲慢な選良意識と、激しい人種差別意識

2023年の世界は、いまだに「大英帝国」のメンタリティーの世界にある。「大英帝国」のメンタリティーとは、白人貴族というエリートによる世界支配を当然とする意識だ。欧米の人々は傲慢な選良意識と、激しい人種差別意識を持っている。彼らは優生学を信奉して、白人には世界を支配する使命があると勘違いしている。

現在の欧米の民主主義というのは、スーパーリッチたちのための民主主義であり、庶民のための民主主義ではない。そして、いまだに私たちは、欧米による帝国主義と植民地主義が罷《まか》り通っている時代に生きているのだ。このことを私たちは肝に銘じておかなければならない。

筆者は25年前にオーストラリアに5年間ほど住んだことがある。当時のオーストラリアは「白豪主義」を捨ててから10年しか経っていない国だった。白豪主義とは白人最優先主義であり、非白人を排撃する主義だ。これが法律で1975年まで続けられていたのだ。

つまり、米国やオーストラリアやカナダなど、アングロサクソンが支配する国々は、いまだに貴族たちが支配する階級社会なのだ。このような貴族の子孫が今も米国を支配している。貴族たちは絶対者であり、法律もスーパーリッチ貴族の利益のために作られている。

地主は住民から最後の一滴まで絞り取るだけでなく、彼らを永遠に借金漬けにすることができた。［注11］

これは250年前も今も全く同じだ。米国の国民の半分は借金漬けで、毎月の帳尻もマイナスになっている。米国ではトップ1パーセントが富の3割以上を所有している。[注12]

250年前の米国では貴族が先頭に立って独立戦争を行ったが、貴族たちは無産階級である庶民を毛嫌いしていた。それは今でもかわっていない。

独立宣言の高尚な気運とは裏腹に、独立が達成されると、その気運は有産階級によってかき消された。無産階級にはどこにも居場所がないと同時に、全く認知もされなかった。平民は、戦時中は銃を担ぐのに役立ったが、戦後、彼らに権利を与えるという考えは、馬鹿げていると思われた。政府が労働者の感情や権利を考慮することは全くなかった。

こうして、下層階級から直接的な力を奪うことを狙って、アメリカ合衆国憲法が制定された。州法のほとんどに、厳格な財産資格が明記され、財産のないものから公民権を略奪できるように法律が制定された。

地主・商人階級が、事実上、どの法律を守り、どの法律を破るかを選ぶ絶対的な権力を持った。商人や、地主たちは、金融業という極めて重要なビジネスの創造と支配に乗り出した。こうして銀行家は、支配者の中の支配者として、最終的な搾取者となった。[注13]

このような事実は、建国の未成熟期にのみ起こった不幸な出来事ではない。土地や金融を握った資本家たちがますます肥え、太り、実際に富の生産に関わっている多くの労働者が不当な抑圧に苦しんでいる現実は、ビル・トッテンが指摘するように、「巧妙に姿を変えて今なお続いている」。

欧米はスーパーリッチによる独裁制

英米に民主主義などは存在していない。あるのは「リベラル寡頭制国家」なのだと、フランスの歴史家エマニュエル・トッドは指摘している。[注14] 寡頭制とは「少数者による政治支配」のことだ。

英国や米国は、少数のスーパーリッチという貴族に支配される専制国家なのだ。ロ先だけではリベラル派（自由主義者）を装っているが、スーパーリッチの本性は、植民地主義者であり帝国主義者だ。つまりセシル・ローズやミルナー卿が理想としていた世界を、今も作ろうとしているのが、現代の世界の支配者たちだ。大英帝国の支配者であった英王室は、今でも広大な土地を所有しており、世界の支配者グループの重要な一員だ。

彼らが目指しているのは200年前と同じで「貴族の、貴族による、貴族のための政治」であり、一般市民は搾取の対象であり、奴隷候補でしかない。

欧米の民主主義国家は段々とファシズムに近づいてきている。ファシズムとはオックスフォード事典の定義では「権力で労働者階級を押さえ、外国に対しては侵略政策をとる独裁制」だ。欧米の「リベラル寡頭制国家」はスーパーリッチによる独裁制なので、どんどんファシズムに近くなってきているのも当然だ。

このような欧米諸国の「リベラル寡頭制国家」と、日本のような「調和を好む社会主義的」国家が、同じ価値観を持つはずがない。日本のマスメディアも政府も「価値観を同じとする自由民主主義で団結しよう」などと言っているが、欧米に民主主義があると思うのは、日本人の錯覚に過ぎない。欧米の民主主義は詐欺だ。日本人は英米のプロパガンダをお人好しにも、信じ込んでいるだけなのだ。

ビル・トッテンが書いた本の通り『目を覚ませ、お人好しの日本』[注15]が今、必要なのだ。この本のサブタイトルは「いつまでアメリカに騙されれば気が済むのか」だが、ビル・トッテンがこの本で述べているように、現在の日本は、完全に欧米の支配者層に騙されているのだ。

ビル・トッテンの『アメリカは日本を世界の孤児にする』[注16]は25年前に書かれた本だが、見事に現在の日本を予言している。この本のサブタイトルは「日米ガイドラインは日本を戦争に巻き込むアメリカの罠だ!!」である。2023年の今、まさに日本は、米国の仕掛けた罠に引っかかって、台湾やフィリピンとともども、中国・ロシアとの代理戦争に追いやられている。エリートによるファシズム国家である欧米を崇拝する日本は、まさに「世界の孤児」になってきている。

欧米国家群は、世界を一極支配しようとする帝国主義であることに、世界中の国々が気づき始めた。そのため、世界の多くの国は反欧米になってきている。たとえばBRICS（ブラジル、ロシア、インド、中国、南アフリカ共和国）であり、南米諸国であり、アフリカ諸国であり、中東の国々も、揃って欧米による世界支配に反対する立場をとっている。

ところが日本はいまだに欧米を崇拝して、彼らのプロパガンダを鵜呑みにしている。今こそ日本人は、欧米がプロパガンダで作った蜃気楼ではなく、真の欧米の姿を見抜く必要があるのだ。

欧米諸国の人口は地球の全人口の10パーセント程度だ。ところが米国の多国籍企業だけで、地球の富の50パーセントを独占している。[注17] このような不公平な世界は変えなくてはならない。

欧米の貴族たちが理想とするエリートによる世界支配は、私たち日本人が全く望まない

BRICS勢力圏

世界だ。彼らの理想世界は、傲慢な貴族が、法律を味方にして庶民を搾取する社会だ。欧米の民主主義や人権も、法律や警察も、エリート貴族のためだけにある。そんな地球を私たちは望むのか？　エリート貴族だけは自家用ジェット機で世界を飛び回り、私たち庶民にはガソリンを節約しろと命令する社会だ。

英米支配者層を代表するビル・ゲイツは、２０００年の時点で、すでに米国の富の格差の縮図だった。彼の資産は20年前でも最下位45パーセントの米国人家庭の資産の合計を上回っていた。[注18] ワクチン製造会社に投資して大成功を収めた２０２３年のビル・ゲイツの資産は、天文学的数字になっているに違いない。ビル・ゲイツの行っていることも目的も、セシル・ローズと全く同じなのだ。つまりお金の力で、世界を支配することだ。

第3章 米国は英米支配者層の植民地

米国は、今では英米支配者層の植民地だ。米国が英国のアングロサクソン帝国主義者の植民地に戻ったのは、1913年のことだ。アメリカ合衆国が大英帝国から独立したのは1776年7月4日なので、137年後のことだ。もっとも英国のアングロサクソン支配者層によって武力制圧されたわけではもちろんない。英国を支配するイングランド銀行と、イングランド銀行と手を組む米国の国際金融資本、さらには欧米エリート層によって再び植民地化されたのだ。

米国の独立戦争は、イングランド銀行に借金の返済を求められたイギリス国王が、植民地だった米国に高い税金を払うように強制したことから始まっている。つまりお金の問題から米国は独立を求めて戦争を始めて成功した。だが、137年後に米国の中央銀行FRB（連邦準備制度）を国際金融資本に支配されることで、米国は再び英国の貴族たちと米国におけるその仲間たちによって植民地化されている。

中央銀行は、本来、国営であるべきなのだが、米国のFRBもイングランド銀行も、真の所有者は民間の国際金融資本家たちなのだ。[注1] つまり、JPモルガン銀行やシティバンク、ロスチャイルド家の銀行、バンク・オブ・アメリカなどが所有者だ。中央銀行を支配することで、一つの国を植民地化できるというと、驚かれる人々がいるかもしれない。大英帝国がインドやビルマや香港を植民地としたときには、必ず植民地の中央銀行をまず支配して、貨幣の発行権を握っている。

ロスチャイルド家は世界の金融界の影の支配者だが、ロスチャイルド銀行帝国を作り上げたアムシェル・ロスチャイルドは1790年に有名な言葉を残した。


国の通貨を発行し、コントロールすることができるなら、あとは誰がどんな法律を成立させても私は構わない。[注2]

この言葉の意味するところは、一国の中央銀行を民間の金融資本が支配できるなら、民間の金融業者がその国の支配者になれるということだ。国の通貨を発行できるということは、国の経済の大動脈であるお金の流通量を管理できることだ。お金の流通量を増やしたり減らしたりすることで、支配者たちは、自由に景気をコントロールすることができる。

どこの国でも政治家が選挙に勝つには経済状態が良くなくてはならない。その景気を、中央銀行を掌握している人々がコントロールできるので、彼らが実質的な国家の支配者となれるのだ。ロスチャイルド一族は、イングランド銀行の大株主であり、イングランド銀行は今でも国際金融資本の支配下にある。1946年にイングランド銀行は国営化されたことになっているが、政府の影響力が今もほとんどない独立性が極めて高い銀行だ。[注3]

2022年10月当時の英国の首相はトラス女史だったが、あっという間に退任させられた。それは、イングランド銀行がトラス首相の政策に異を唱えたからだ。トラス首相は企業の減税を提唱して、インフレ対策として金融緩和をすると発表した。だがイングランド銀行は金融緩和を拒否した。それで、トラス首相は信用を失い、首相の座から追い出された。つまり、英国の真の支配者は政治家ではなく、今も200年前もイングランド銀行を押さえている人々なのだ。

同じことは米国でも言える。

1913年にウイルソン大統領が米国の中央銀行としてFRB（連邦準備制度）を承認した。だが米国政府はFRBをコントロールする権限を、ほとんど持っていない。権限を持つのは国際金融資本なのだ。これこそアムシェル・ロスチャイルドが望んでいたことだ。ちなみにウイルソン大統領はミルナー・グループが主宰する「円卓会議」のメンバーだった。

現代の米国の大統領選挙を見ていても、FRBの動きを見ていれば、誰が次の大統領になるかがほぼわかる。そして現役の米大統領は、常にFRBによって査定されて脅迫されている。米国では大統領就任の2年後には、中間選挙があるが、これが査定の場であり、脅迫の場でもある。

米国の真の支配者であるスーパーリッチたちは、中間選挙の時に、誰が本当の支配者であるかを見せつけるために、FRBに金利を上げさせて、景気を悪化させる。素直にいうことを聞く大統領ならば、景気を良くして支援する。

バイデン大統領が主導するウクライナ戦争を、真の支配者たちが好んでいなければ、中間選挙の前に米国の景気は悪くなるはずだ。気に入っていれば景気は良くなるだろう。

結果を見ると、中間選挙前にＦＲＢは金利を上げて景気に水を差した。だが、景気を保つことができるレベルだった。ということは米国の真の支配者たちは、バイデン大統領を、条件付きでまだ支持しているということだ。

２０１８年夏にノーム・チョムスキー名誉教授をインタビューした。[注4]

大地舜：ＦＲＢ本体の国営化についてはどう思われますか？　日本銀行は五五パーセントを国が所有しています。中国人民銀行は一〇〇パーセント政府が所有しているのですが。

チョムスキー：ＦＲＢを国営化しても大きな変化はないだろう。だれが米国の連邦政府を運営しているのか？　圧倒的な富を持つ大企業と金融資本だ。つまりＦＲＢの所有者たちと一緒だ。両者とも同じ利益団体に奉仕しているのだから、国有化しても大きな変化があるとは思えない。

確かにチョムスキーのいう通りで、トランプが大統領になっても、バイデンが大統領になっても、財務長官などは必ず大手国際金融銀行やＦＲＢの幹部が務めている。ＦＲＢとウォールストリートと財務省の間には回転ドアがあるのだ。

米国も英国も国際金融資本が中央銀行を支配しているが、ヨーロッパ連合（ＥＵ）の中央銀行も同じだ。そして中央銀行の元締めはスイスにあるＢＩＳ（国際決済銀行）だが、これまた民間銀行に所有されている。[注5]

世界の国で、中央銀行を民間に支配されていない国というと、中国、ロシア、インド、シンガポールなどたくさんある。国家が経済発展を達成して、国民のための政治が行われるためには、中央銀行を国家がコントロールできなければ不可能だ。中央銀行が民間銀行に支配されたら、国民は民間銀行の奴隷のような存在となってしまう。それが今の米国の実態だ。

したがって、日本政府も日本銀行を１００パーセント国有化する方が良いだろう。その優れた成功例はシンガポールだ。シンガポールの中央銀行は財務省の一部になっている。

さて、もう一つ知っておかなければならないのは、アングロサクソンが作った略奪型金融資本主義というのは、基本的に詐欺であることだ。「金融資本主義」は、アングロサクソンが世界を一極支配するための道具だとも言える。このことについては、実業家でありエコノミストでもあるビル・トッテンの書いた『アングロサクソン資本主義の正体』に詳しい。[注6] 世界支配の道具である「金融資本主義」は、産業革命を起こした大英帝国で生まれた。まずは資本主義を支えている銀行の詐欺から見ていこう。

「信用創造」は現代の錬金術

世の中で使われているお金の5パーセントは中央銀行の発行したマネー（紙幣・硬貨）だ。残りの95パーセントは民間銀行が錬金術で作り出している。作り出す方法は「信用創造」と呼ばれている。[注7]

例えばあなたが銀行から100万円借りたとする。担保になっているのはあなたの労働力であり信用だ。

銀行はデジタルであなたの口座に100万円と数字を打ち込む。一方、銀行の口座にも資産が100万円できたと数字を打ち込む。資産が100万円増えた銀行は、この100万円を担保に10倍のお金を貸す権利を持つ。つまりあなたの労働力と信用で銀行に与えられた資産が、「信用創造」で1000万円の価値を持つことになる。

あなたは100万円を借りて利子をつけて、銀行に返済をしなければならない。一方、銀行は100万円を担保にしてさらに900万円を誰かに貸すことができる。その900万円からも利子を得ることができる。これが銀行の商売だ。もしも900万円を誰かに貸すことができたら、銀行の資産は100万円+900万円で1000万円となり、これを担保にさらに9000万円までお金を貸す権利を持つ。合計の1億円につけられた利子が全て銀行の収入になる。

つまり銀行はあなたが100万円を借りてくれたおかげで、1億円のマネーを創造して、そこから利子を稼げるわけだ。銀行業というのは「無」から「有」を生み出す、大儲けのできる商売なのだ。だからどこの銀行も立派な建物に入っており、銀行員の給料も高いのだ。「信用創造」は現代の錬金術なのだ。

この仕組みを作ったのはヨーロッパの金細工師たちだったという。[注8] 17世紀後半のヨーロッパの大金持ちたちは、所有している金銀を金細工師に預けていた。金細工師たちは頑丈な金庫を持っていたからだ。金細工師の仕事は貴金属を加工して食器や金貨などを作ることで、裕福だった。

大金持ちたちから金銀を預かった金細工師たちは、預かり証を発行した。この預かり証が、金銀の代わりをするようになった。なぜなら金銀は持ち運ぶのに不便だからだ。

別の言い方をすると、お金持ちが金細工師たちに預けていた金銀を、持ち出して支払いをすると、金銀を受け取ったお金持ちはそれを金細工師たちのところに持って行って保管する。そして預かり証を受け取る。そんなことをするより、預かり証を金銀の代わりに相手に渡せば良いことに人々が気づいたのだ。

そこで、預かり証がマネーとして流通するようになった。

一方、金細工師たちは、金銀を預けた人が、金銀を引き出しに来ないことにも気がついた。ほとんどの金銀は金庫に眠ったままなのだ。実は金細工師たちのところには、お金を借りにくる人も多かった。そこで金細工師たちは、金銀を渡す代わりに、預かり証を渡した。そしてその預かり証に利子をつけた。

金細工師たちは経験から、預かっている金銀の10倍の預かり証を発行しても、取り付け騒ぎが起こらないことを学んでいた。そこで、金細工師たちは預かっている金銀の10倍までを貸し出すことにした。もちろん時には、金銀を引き出す人が多くて、手持ちの金銀が不足する場合がある。そういう時は別の金細工師たちが、仲間のために金銀を一時的に融通した。

金銀を預けた人は、そこに金銀があると信じているが、実際には10倍まで貸し出されている。さらには借金をした人は、利子を払うことになる。これは全くもっての詐欺だ。

やがて金細工師たちは金細工をやめてしまって、金貸し業に専念するようになった。これが銀行の始まりだ。この金細工師たちの詐欺行為を、国家が合法化したのが銀行業なのだ。これを合法化させるために銀行家は、当時の権力者たちである各国の国王たちを騙した。国王にもマネーの代わりに預かり証を渡したのだ。

当時の王様は、戦争をする費用に困っていた。そこで銀行は国王にマネーを貸して利子を取った。だがもちろん貸したお金に相当する金銀は持っていなかった。だが、銀行家は金持ちだという評判があり、信用があったので、国王たちもマネーを借りた。借りたお金は返さなければならないので、国民から税金を取りたて、元金と利子を銀行に返済した。

ヨーロッパの国王たちは、中国の皇帝のように自分で預かり証（紙幣）を刷ればよかったのだが、銀行家の詐欺的カラクリに気づかなかったのだ。

紙幣を最初に印刷したのは中国の宋王朝だとされている。[注9] 当時、マルコポーロが中国に旅をしたが、純金で物を買おうとすると断られて驚いたと書いている。中国人が欲しがるのは純金ではなく、宋王朝の皇帝の玉璽の押された紙切れだったのだ。

大英帝国で中央銀行の役割を果たしていたのは民間が所有するイングランド銀行だった。民間銀行が支配する現代の中央銀行の存在価値は、基本的に、取り付け騒ぎなどで危機に陥った民間銀行の救済ができることだ。そのことは2008年に起こったリーマンショック時の、米国の中央銀行FRB（連邦準備制度）の行動を見ればわかる。本来ならば、詐欺罪で刑務所に送られるべき銀行家たちは、大金のボーナスを受け取って、堂々と引退していった。

だが欧米の中央銀行には、それ以外の目的もある。それは金融資本主義による世界の富の収奪だ。

現在の世界では、大量のお金が出回っている。銀行が「信用創造」で作ったお金もあれば、FRBなどが金融緩和で創ったお金も出回っている。

ＦＲＢなどが金融緩和で創ったお金の影響で、今の世界では実際の経済活動に必要なお金の4倍ぐらいが「創出」されている。この余分なお金は銀行の設立した投資銀行で運用され、多くのお金持ちからあつめた資金を運用するヘッジファンドでも運用されている。その結果、カジノ経済が生まれている。[注10] 一般的にいうと金融資本主義の誕生だ。

実体経済に必要な分の4倍もお金が生まれると、余ったお金は株式などに投資される。そうすればもちろん株価は高くなる。株価が高くなれば、お金持ちたちはさらに金持ちになる。一方、株を買う余裕のない一般人は貧乏になる。

株式市場というのは、もともと会社が資金を調達する場だった。つまり企業が株式を発行して、投資家に買ってもらい、その資金で企業活動を行うのだ。ところが現実は、お金が創出されすぎて金余りとなり、株式市場が賭博の場となってしまっている。株式売買の99パーセントが、既に発行済みの株式の売買になったのだ。

さらに通貨の賭博も盛んになった。円やドルのような通貨を売ったり買ったりして、利鞘を稼ぐ為替取引だ。この規模も大変に大きくなっている。エコノミストであるビル・トッテンの『アングロサクソン資本主義の正体』によると、２００７年の時点で

「日本の1年間の外国為替取引金額は、日本の1年間の貿易額の約75倍にも達する」という。[注11] つまり通貨の取引の98パーセントは博打として行われていることになる。株式や通貨の賭博行為がますます激しくなっているのが2023年の現状だ。

私が高校生の時だったが、一部上場企業の取締役経理部長だった父親に2つの忠告を受けたことを、いまだに覚えている。

一つは「株式投資はするな」だった。理由は「賭博だからだ」。もう一つは「資本主義の世界では、個人の道徳と、企業の道徳は正反対だから気をつけろ」だった。

個人の道徳では「嘘をついてはいけない」「人を騙してはいけない」「借金はしない方が良い」だ。だが、資本主義社会の企業では「人を騙しても良い。嘘をついても良い。借金はした方が良い」なのだという。つまり資本主義の社会では「騙される方が悪い」し「借金はした方が良い」のだ。

これには驚いて、理解に苦しんだが、現在の欧米型略奪資本主義社会を見るとまさにその通りなのだと納得できる。

欧米型の資本主義は、略奪資本主義で、手段を選ばず襲いかかってくる。優れた企業や商品を、騙してでも奪うのが欧米型資本主義だ。その一つである金融資本主義も略奪資本主義だ。

一方、日本の資本主義も欧米流だが、渋沢栄一の『論語と算盤』の影響もあるのだろうが、欧米流の弱肉強食では納得できず、道義を伴った商売を心がける経営者が多い。ビル・トッテンが創業した株式会社アシストも「儲けすぎない」ことを社訓にしている。

大衆は奴隷。モノポリ(独占)が支配者

欧米の金余り世界においてスーパーリッチたちは、さらにお金を稼ごうと、バブルを起こしては破裂させて、人々から富を収奪する。このような収奪は200年前から、常習犯的に行われている。[注12] 米国では銀行協会が計画的に金余り状態を作って、金利を安くして、人々に借金させる。そして日にちを決めて、一斉に金融を引き締めて、人々を破産させる。そして担保としていた工場や牧場を取り上げてしまう。米国の銀行協会は定期的にこのように意図的なバブルを起こしては大儲けをしていた。[注13] この歴史的事実は『負債の網』に詳しく書かれている。以下はエレン・ブラウン女史の

インタビューの一部だ。[注14]

Q:『負債の網』の中にメアリー・リースという女性の言葉が出ています。「ウォール街がこの国を所有している。人民の人民による人民のための政府になっている。この国の偉大な大衆は奴隷だ。ウォール街のウォール街による、ウォール街のための政府になっている。そしてモノポリ（独占体制）が支配者になっている」。この言葉が一八九〇年代の発言（一三〇年前）であることに驚きました。今でも、まったく同じですね。

エレン・ブラウン:メアリー・エレン・リースは「民衆のジャンヌ・ダルク」と呼ばれていました。カンサス州の出身です。彼女は家庭の主婦でしたが、ご主人の農場を銀行に乗っ取られてから、弁護士の勉強を始めています。『オズの魔法使い』という物語がありますよね。あの物語の主人公ドロシーのモデルとなったといわれています。

Q:『オズの魔法使い』という物語は、ウォール街と戦う民衆の寓話なのですね。

エレン・ブラウン:そうです。当時は金《きん》本位制の時代で、銀行が意図的に「ビジネスサイクル（景気循環）」を起こして、農場や工場を安く買い取っていました。そのことをテーマにした物語です。当時は金《きん》だけでなく、銀も国の通貨にしようという運動がありました。金《きん》だけでは、銀行家が自由に景気変動を起こせるからです。

最近では2008年のリーマンショックで詐欺が行われている。銀行が投資銀行に危険なデリバティブ（金融派生商品）を発行させて、バブルを作り大儲けをした。この時は不動産バブルで大儲けをしたが、金融業者たちによる全くの詐欺行為だった。

この時の詐欺は、返済能力のない人々に銀行がお金を貸して、不動産を購入させることで始まった。銀行がいくらでもお金を貸してくれるので、たとえば米国のバーの踊り子だった女性が、家を3軒も4軒も購入できた。そこで貧乏人もたくさんお金を借りて家を買い、不動産バブルが起こった。

投資銀行は、返済ができるかどうか怪しげな不動産債権に、他の優良不動産債権を混ぜて「AAA」の格付けをつけたデリバティブ（金融派生商品）を作り、大型機関投資家たちに大量に売ったのだ。

このデリバティブを買うと、高い利子が得られた。それで人気商品となり、多くの投資家が購入した。だが、AAAという最高の格付けがされてはいても、それは詐欺だった。詐欺に基づく商売はいずれ嘘がばれて崩壊する。それがリーマンショックだった。

この時の米国の中央銀行FRBの行動を見ると、米国の中央銀行が民間銀行のために存在することがよくわかる。倒産に直面した米国の大銀行を「大きすぎて潰せない」としてFRBは米国債を大量に発行してお金を創り、大銀行を救済したのだ。本来、大銀行の経営者たちは、詐欺罪で監獄に送られるべきだった。ところが大金のボーナスをもらって、悠々と退職した。これに怒った一般市民が、ウオール街を占拠して、非暴力の座り込みを行なったことは、ご存じの方も多いだろう。「ウオール街を占拠せよ！」という大衆運動だ。

国際通貨基金（IMF）は、富の収奪機関

英米支配者層と金融機関は、金融資本を使って世界の富をいろいろな形で収奪して

いる。国際通貨基金も、欧米エリート層による世界の富の略奪の手先に使われている。そのことについてエレン・ブラウン女史にインタビューした。［注15］

大地：国際通貨基金（ＩＭＦ）の実績をどう評価していますか？

エレン・ブラウン：ＩＭＦは中央銀行カルテルや、その背後で支配力を持つ国際金融資本と同じ狙いをもって行動しているといってよいでしょう。

大地：ＩＭＦの支援を受けた国は、どこも悲惨な経済状態に落ちていますね。

エレン・ブラウン：ＩＭＦは資金提供の条件として、中央銀行の政府からの独立、国有企業の民営化、国家資産の売却、外国資本による投資の自由化や土地の購入許可などをもとめますが、これらは国内の一部のエリートと、国際金融資本を豊かにすることが目的です。

大地：その後にＩＭＦが各国に乗り込んでいったわけですが、何が起こったのでしょう？

エレン・ブラウン：ＩＭＦの政策で韓国に何が起こったかを調べました。分かったことは、韓国の主要企業が外国資本に所有されてしまったことです。サムソン電子や現代自動車の株主を見ると、五〇パーセント以上が外国投資家です。韓国第一銀行も大宇自動車も安値で海外企業に売られています。

大地：韓国のほとんどの銀行は外資系だそうですね。韓国第一銀行の場合は、一〇〇パーセント外資になっていますね？

エレン・ブラウン：現在は、韓国スタンダードチャータード銀行という名前になっています。総資産からみて韓国第七位のイギリス資本の銀行です。

このように、欧米エリート層が支配する世界では、合法的に略奪が行われている。

スーパーリッチたちの植民地・米国

米国が英米支配者層の植民地になっていることは、米国の現状を観察すればよくわかる。まず、国民の健康状態だ。肥満が当たり前の状態であり、国民健康保険を持たない人も多い。ワクチン接種の影響か、子どもたちの病気も増える一方だ。貧富の差も圧倒的だ。米国の人口の半分は、毎月の帳尻を合わせるのに四苦八苦している。

ホームレスも多い。

一方、少数の大金持ちが米国の富の多くを握っている。米国の製造業は海外に流れて、米国の労働者の生活レベルも下がっている。

米国は意図的に富の格差を広げている。なぜなら、そうしないと軍隊に入る人がいなくなるからだ。米国が世界を支配できるのは、圧倒的な軍事力があるためだ。その軍事力を保つためには、兵士の確保が欠かせない。そして米国の軍隊を美化する映画がたくさん作られる。それはプロパガンダだ。

一方、米国内の道路や橋や鉄道などへのインフラ投資は不十分だ。米国の支配者層は、国民が豊かになることを好まない。高等教育の費用は異常に高い。奨学金を貰っても返済が大変だ。アイビーリーグ（裕福な私立のエリート大学）には、エリートの子弟が優先的に入れる仕組みになっている。人種差別も相変わらず激しい。理想は国民健康保険の整備であり、高等教育の無料化だが、自由民主主義の米国では全く実現していない。これらは米国が、国際金融資本とスーパーリッチたちの植民地となっている証拠だといえる。

米国の民主主義はお金で買われてしまっている。新聞・テレビなどのマスメディアは多国籍企業が所有している。国会議員たちも多国籍企業のロビーイストたちによって支配されている。こういう米国をフランスの歴史家エマニュエル・トッドは「民主主義の守護者を名乗る資格などない」と、次のようにいう。

アメリカでは、選挙プロセスに甚大な資金が投入されています。「金権政治」が大々的に行われているのです。こんな国に、他国の「民主主義」を云々する資格などあるのでしょうか。……個人的にはこれらの国を「リベラル寡頭制」と呼ぶべきだと考えます。今の世界で生じている真の対立は「民主主義陣営対専制国家主義陣営」ではなく「リベラル寡頭制陣営対権威的民主主義陣営」だということがわかります。[注16]

エマニュエル・トッドの見解には私も賛成だ。今の世界は「リベラル寡頭制陣営」（少数のエリートによる専制国家）である欧米諸国と、「権威的民主主義陣営」（社会主義的民主主義国家）であるロシア、中国、ブラジル、インドなどが対立しているのだ。

トッドが指摘するように、米国の大統領選挙は大金をかけたお祭り騒ぎになっている。候補者本人がスーパーリッチか、スーパーリッチたちに支持されない限り、米国の大統領にはなれない。今も昔も、米国の議会はお金持ちや貴族階級に買収されている組織なのだ。「スーパーリッチの、スーパーリッチによる、スーパーリッチのための政治」が行なわれているのが米国だ。米国は完全に英米支配者層の植民地になっているのだ。

《第2部》

ウクライナ戦争：NATOは諸悪の根源

第4章 ウクライナ戦争：欧米に搾取されるウクライナ

アメリカ合衆国が英米支配者層の植民地になったおかげで、「ミルナー・グループ」は、第三の目的も見事に達成している。つまり「偉大な強国を作り、戦争を不可能にする」という目的だ。

米国はドルを世界の基軸通貨にしているが、これは強大な軍事大国を作るために必要な仕組みだ。米ドルは金《きん》で担保されていない。あるのは石油を買うのにはドルが必要だというルールだけだ。このようなルールは米国が軍事力で作っている。つまり暴力だ。ペトロダラーとも呼ばれる米国ドルは、石油だけでなく、あらゆる経済の決済に必要だ。

米ドルは純金のような価値を持つ。なぜなら米国はドル紙幣を印刷すれば、世界中の物資をなんでも買えるからだ。１００ドル紙幣1枚の製造費は17セントだが、１０

0ドルで多くの物資が購入できる。〔注1〕第4部で述べるが、このような時代は終わろうとしている。

米国債を大量に発行することで、米国は世界中に800もの軍事基地を作っている。米国は建国以来の239年間で「戦争していなかったのは17年間だけ」というくらい戦争に専念してきている。〔注2〕最も相手は、ベトナムやイラクやアフガニスタンなどの小国ばかりだ。ずる賢い英米支配者層は代理戦争が得意だ。日露戦争も英米支配者層が日本にお金を貸し付けて、ロシアと戦争させた面があると私は考えている。

長い間、世界一の超大国・米国を相手に戦争をすることはどの国にとっても不可能だった。僅かに対抗することができたのはソビエト連邦だけだった。そのソビエト連邦も1989年に崩壊して、それ以降は米国が唯一の超大国となり、ほぼ完全に地球を支配するようになった。

競争相手であったソ連邦は解体されてロシア連邦が生まれたが、1990年に、ロシア連邦は欧米によって経済を破壊され、意図的に弱体化された。〔注3〕

だがロシアにプーチン大統領が就任してから、ロシア連邦は国の立て直しに成功した。その成功のためにプーチンは、欧米エリート層から敵視され、嫌われる存在となった。なぜなら、英米支配者層による世界一極支配・富の収奪の邪魔となるからだ。

一方、中国が大国化して、ロシアが復活して、英米による世界の一極支配が疑問視されるようになってきた。これが世界の現状だ。この世界を一極によって支配するという構想は、大英帝国による世界支配の変形にすぎない。

英米支配者層は「偉大な強国を作り、戦争を不可能にする」という目的を達成して「人類の最善の利益を促進する」と言っているが、「最善の利益を促進する」ことには全く成功していない。

「人類の最善の利益」は何かと言ったら、それは「平和で安全で、差別のない、人々が豊かになる世界」だろう。ところが、英米支配者層が目指しているのは一極支配の世界であり、帝国主義の世界だ。結果的に「戦争だらけの危険で、格差の激しい、貧困が蔓延する世界」しか作れていない。

なぜだろうか？

それはクイグリー教授が『アングロ・アメリカン支配者層』の「序文」（16ページ参照）で指摘しているように、英米支配者層の人々はお金持ちのエリートであり、一般大衆の気持ちがわからないからだ。このエリートたちは傲慢不遜で、優生学を信じる人種主義者で、無慈悲で、利己的なのだ。あるいはそういう無慈悲な人々が権力の中心に座るようになってしまっているのだ。

「失われた文明」探究における私の盟友である英国の作家グラハム・ハンコックも、2022年10月13日のツイッター（新名称：X）で、英国の保守党の指導者について次のように言っている。

> 2022年の哀れな人類は、これまでと同じように、役立たずで、機能不全で、自己中心的で、権力中毒の「世界のリーダー」たちの群れに権力を握られることになった。その多くは現在の英国首相よりもお粗末だ。なぜ私たちはリーダーを必要とするのだろう？　なぜ彼らは常に恐ろしい人々でなくてはならないのか？

「なぜ彼らは常に恐ろしい人々でなくてはならないのか？」というハンコックの疑問は核心を突いている。どこの国でも庶民は「優しい人々」だ。だがなぜか、権力者の多くは「恐ろしい人々」だからだ。

ウクライナ代理戦争の目的は「ロシアの弱体化」

英米支配者層と、その協力者である「恐ろしい人々」であるネオコン（新保守主義）過激派たちが、ウクライナで何を企んできたのか、その真相を暴いてみよう。欧米が世界を支配すると、このような事態になるからだ。

2022年の2月中頃、友人から「ロシアがウクライナに攻め込むことはないだろうね？」と聞かれた。当時、ロシア軍はウクライナ国境で10万人の兵士の軍事訓練をしていたからだ。この友人はウクライナのIT会社にソフトの開発依頼をしていたのだ。私はヨーロッパ情勢には詳しくないが、かなり古くからある日本の情報雑誌を購読していた。その雑誌の国際記事のページで、日本のロシアとウクライナの専門家と呼ばれる人たちは、「戦争なんて起こるわけがない」と一笑にふしていた。そこで、「戦争なんて起こらないと日本の専門家たちは言っているよ」と返事しておいた。

ところがなんとロシア軍が2月24日に侵攻を始めた。

「なんだ、日本の専門家と言われる人たちは、全く、何もわかっていないじゃないか！」と私は怒った。そして、一体なぜ、ロシアがウクライナと戦争を始めたのかを調べてみた。それでわかったことはウクライナが、英国や米国やNATO（北大西洋条約機構）によって代理戦争をさせられていることだった。この代理戦争の目的は「ロシアの弱体化」だ。[注4]この目的のため、欧米のマスメディアが「プーチン憎し」のキャンペーンを2000年ごろから行なっていることもわかった。

ところが日本の新聞やテレビにおける日本のロシア専門家と言われる人々は、「代理戦争だというのはロシアのプロパガンダです」と堂々と述べる。このことからもわかるように、日本のマスメディアは欧米のプロパガンダの出先機関でしかないのだ。

一方、英国や米国やフランスの専門家たちは、口を揃えて「英米の代理戦争をさせられているウクライナ」と言っている。欧米でも庶民は欧米エリート層によるプロパガンダに洗脳されている。だが、知識人たちは騙されていない。大学生レベルの欧米人も騙されていない。だが日本では、欧米のプロパガンダに洗脳されていない知識人が極めて少ない。

欧米の知識人で、声を高らかに上げて「戦争の責任は米国とNATOにある」と述べている人は多い。

シカゴ大学教授で国際政治学者のジョン・ミアシャイマーは「感情に流されず、現実主義の立場から戦争の原因を考えなくてはならない」と主張する。その結論は「今起きている戦争の責任は、プーチンやロシアではなく、アメリカとNATOにある」というものだ。[注5] つまり「ウクライナのNATO入りは絶対に許さない」と、ロシアは明確に警告を発してきたのにもかかわらず「ロシアの弱体化」を目指す欧米エリート層はこれを無視して、戦争を引き起こしたのだという。

日本で『第三次世界大戦はもう始まっている』という本がベストセラーになっているフランスの歴史家エマニュエル・トッドも、ミアシャイマーと全く同じ意見だ。[注6]

元ニューヨークタイムズ紙の記者だったクリス・ヘッジも「NATOは世界一危険な軍事同盟だ」と主張している。[注7] コロンビア大学のジェフリー・サックス教授も「ウクライナはネオコンの起こした最新の惨事である」としている。[注8] 他にも、「諸悪の根源は欧米エリート層にある」とする、欧米の学者やジャーナリストは数多いが、ウクライナ紛争の真実を調べると、彼らがそう思う理由がよくわかる。

二度目のロシア「弱体化」

欧米エリート層が支配する欧米は、ソビエト崩壊後のロシアを2回裏切っている。1回目はロシア連邦共和国の初代大統領となったエリツインが、欧米にロシアの資本主義化を依頼した時だった。１９９０年代の話だ。依頼を受けた欧米は、ＩＭＦや世界銀行、ハーバード大学の経済学者たちをロシアに送り込んで、ロシアの経済改革に取り組んだ。

ところが、欧米のコンサルタントたちが実行したのはロシア経済を崩壊させる「ショック療法」だった。当時ハーバード大学の経済学者だったジェフリー・サックスも主要コンサルタントの一人だった。彼はＹｏｕＴｕｂｅで、「私の改革は、ポーランドやベラルーシではそれなりに成功したと思う。ホワイトハウスが後押しをしてくれたからだ。だがロシアの経済改革に取り組んだら、ホワイトハウスの態度が変わった。彼らはロシアの弱体化にしか興味がなかった。私にはできることがなくて、この仕事から手を引くことにした」と述べている。[注9]

ジェフリー・サックスはポーランドが社会主義から資本主義に転換する際にも、初期の段階で助言している。だが、この転換により、2年間で貧困層が2倍に拡大し、ある推計によれば、ポーランドの人口の半数以上が貧困層に転落したとも言われる。[注10]

だがロシアの場合はもっと酷かった。

サックスたちは、ロシアの第一副首相エゴール・ガイダルやトーリー・チュバイス副首相を促して、ポーランドよりもさらに急激な転換を実行させた。この施策は「ショック療法」と呼ばれる。だが、サックスが約束した西側からの援助や債務免除などは、決して実現することはなかったのだ。[注11]

ジェフリー・サックス教授が証言するように、欧米はこの機会をとらえて、ロシアの「弱体化」を目指したのだ。

「ショック療法」を使って、欧米のコンサルタントたちは、ロシア国家の資産だった企業や資源を民営化させた。その結果、一夜にして大富豪が生まれた。ロシア国民はこれを「大強奪」と呼んだ。[注12]ロシアの主な国有資産は7人のスーパーリッチ（オリガルヒ）が買い占めた。その後、彼らは経済だけでなく、ロシアの政治まで動かすようになっていった。

またロシアは、欧米のコンサルタントの助言に従って、それまでの価格統制をやめて物価を自由化した。そのため1992年の1年間にインフレ率が2500パーセントにもなった。[注13]これが意味するのは、例えば1億円の貯蓄をしていた人が、突然、400万円しか貯蓄がなくなることだ。

ソビエト時代はバナナ、コーヒー、ココナツを除けば、経済的に自給自足ができる国がロシアだった。[注14]だが、ハイパーインフレで国民の50パーセントが貧困世帯となった。この時、農場の80パーセント以上が破産している。[注15]

さらに、経済の自由化で欧米企業と競争することになったロシア企業の多くが倒産して、失業率も異常に増えた。ショック療法で、国内総生産（GDP）もソビエト時代の半分になった。この時期に国民の寿命も、平均寿命が65歳から55歳と急激に落ちた。[注16]

欧米は、ロシアの「弱体化」に見事に成功したのだ。

米国のジャーナリスト、アン・ウイリアムソンは、ロシアに長く滞在して、この状態を「欧米によるロシアの強姦」と糾弾し、ロシアで詐欺を行ったのは欧米の支配者たちだったと、米国議会で証言している。[注17]つまり助けを求めるロシアを、助けないで強姦したのが当時の欧米の指導者たちだったと糾弾している。

欧米の策略に騙されたエリツイン大統領の人気は、当然ながら急激に落下して、政権を保てなくなった。そしてロシア人の欧米の自由民主主義や略奪資本主義への不信感も、非常に高くなった。現在のロシアでは反欧米感情が強いが、それにはこのような裏の事情があるのだ。

今回のウクライナ紛争を利用して、欧米の指導者たちは同じ行為を行おうとしている。それが今回のロシアへの経済制裁であり、ウクライナ戦争の本質なのだ。

ソビエト崩壊後に「弱体化」させられたロシアを、そこそこの大国に復活させたのがプーチン大統領だ。欧米エリート層は、欧米による「弱体化」を乗り越えたプーチンを邪魔者だとみなしている。そこでこの20年間にわたって「プーチンは悪者だ」「プーチンは殺し屋だ」というプロパガンダを流してきた。日本の庶民も、欧米の庶民も、このプロパガンダにすっかり洗脳されている。

欧米エリート層の今の目的は、プーチン政権の転覆だ。民主的に選ばれているプーチン大統領の失脚と「ロシアの弱体化」だ。ロシアにおいてプーチンは、欧米寄りのハト派だとみられている。[注18] 欧米がプーチン政権を倒したら、ロシアにはタカ派政権が生まれ、第三次世界大戦の危険がさらに高まることになるだろう。そして、欧米エリート層によるもうひとつの裏切り行為は「NATOの東方拡大」だった。

欧米のもうひとつの裏切り行為

1990年2月9日に米国のベーカー国務長官はソ連のゴルバチョフ書記長に対して「NATO軍の管轄は1インチも東に拡大しない」と明言した。翌日、西独のゲンシャー外相やコール首相もソビエト連邦を訪問して同じ趣旨の発言をしている。NATOのヴェルナー事務総長も同じ年の5月に「NATO軍を西ドイツの領域の外には配備しない」と演説した。[注19]

ところがクリントン政権になってから、米国は当初の約束を破ってNATOの参加国を30カ国にまで拡大させた。これについては『フォーリン・アフェアーズ』という米国の外交問題評議会が出版する雑誌が検証している。結論は徹底的に米国やドイツの非を認めている。[注20]

ロシアの著名なジャーナリストであるウラジミール・ポズナーが2018年9月に

イエール大学で行った講演によると、現在の欧米エリート層と、ロシアの冷え込んだ関係は、冷戦時代よりも悪化しているという。[注21]

関係悪化の原因は3つあるとポズナーはいう。最初は、1996年にNATOや米国がロシアとの約束を破ってNATOの拡大を始めたことだ。次に2002年にジョージ・ブッシュ大統領が「ブッシュ・ドクトリン」を発表したことにある。「ブッシュ・ドクトリン」は過激なネオコン（新保守主義）たちの組織するアメリカ新世紀プロジェクト（PNAC）のメンバーたちによって作られている。このネオコンのメンバーは現在のバイデン政権の中核ともなっており、米国の外交・軍事政策に大きな影響を与えている。[注22]

ネオコンと深い関係にある著名人は以下のような人々だ。ディック・チェイニー（元副大統領）、フランシス・フクヤマ（政治学者）、ドナルド・ラムズフェルド（元国防長官）、リチャード・アーミテージ（元国務副長官）、ジョン・ボルトン（元大統領補佐官）、ロバート・ケーガン（ネオコンの代表的論客）、ビクトリア・ヌーランド（ロバート・ケーガンの妻、現国務次官）、キンバリー・ケーガン（戦争研究所創立者）、アントニー・ブリンケン（現国務長官）、マイク・ポンペオ（元国務長官）、ヒ

ラリー・クリントン（元国務長官）。[注23]

この顔ぶれを見ると、過去30年間の米国の外交は、これらのネオコンたちによって行われてきたことがわかる。イラク戦争も、アフガニスタン戦争も、ウクライナ戦争も、彼らに主導されているのだ。

この組織の根本にあるのは「対抗者の存在しない米国の世界覇権」という考え方だが、これは150年前のセシル・ローズやミルナー卿が作った影の組織が目指した「偉大な強国を作り、戦争を不可能にする」という方針と全く一緒だ。ブッシュ・ドクトリンの骨子は次のようなものだ。

> 世界の秩序は米国によって維持されなければならない。必要とならば米国は、国連（国際法）を無視してでも単独で行動する。大量破壊兵器の製造及び使用、若しくはその恐れのある国家に対しては先制攻撃も辞さない。[注24]

「ブッシュ・ドクトリン」について、インターネット上のWEBサイト「世界史の窓」は以下のように解説している。

二度にわたる世界戦争を経験した人類が、戦争を抑止する知恵として編み出した国際連合を中心とした集団安全保障という原則を、そのリーダーであったアメリカ合衆国自身がないがしろにすることになる。核兵器の拡散が危ぶまれている現在、先制攻撃論は大変危険な考えであると言わなければならない。この先制攻撃論にもとづいて、ブッシュ政権は２００３年イラク侵略に踏み切り、イラク戦争に突入することになる。[注25]

必要なのは平和力の強化

日本の岸田政権は、大急ぎで日本の自衛隊の「敵基地攻撃能力」を高めようとしている。これは、人類の学んできた知恵を否定するものではないだろうか？　日本に必要なのは軍事力の強化ではなくて、平和力の強化だ。２０２２年12月8日の東京新聞の社説「戦争の足音が聞こえる」も的確な指摘をしている。

長距離の巡航ミサイルなど、これまで保有してこなかった敵基地攻撃能力を実際に持てば、(憲法9条の) 専守防衛を逸脱することになります。政府はこの敵基地攻撃能力を「集団的自衛権の行使」にも使えるとの見解も示しています。

日本が攻撃されていないにも関わらず、他国領域を攻撃することになれば、他国同士の戦争に積極的に参加することに他なりません。

軍事力に軍事力で対抗することが地域情勢の安定につながるとはとても思えません。抑止力の向上が狙いでも、攻撃的兵器をたくさん備え、他国領域も攻撃できると声高に宣言するような国を「平和国家」とはとても呼べない。戦後日本の平和を築いてきた先人への背信です。

日本と共同軍事行動を取りたいとする欧米エリート層の真の狙いが、日本や台湾をウクライナのように猟犬として扱い、欧米の代理として中国やロシアと戦争をさせることであるのは、あまりにも明瞭だ。だが、お人好しの日本人にはそれが読めないのだろうか?

日本も台湾も、欧米の操り人形であることをやめないと、日本や台湾の将来が危うくなると思えてしょうがない。英米が猿回しの猿使いで、日本が米国の笛や太鼓に合わせて踊るお猿さんである状態からは脱却しなくてはいけない。

さてウラジミール・ポズナーの話に戻ると、このブッシュ・ドクトリンにロシアの首脳は激怒したという。当時のエリツィン大統領は「ロシアはハイチではない！ロシアを米国の属国にしようとするのか！」と怒った。

ポズナーによると、ロシアと米国の関係が決定的に険悪になったのは、2008年に、米国の主導するNATOが、ウクライナとジョージアをNATOに加盟させると宣言した時だという。[注26]

NATOは元々、ソビエト連邦を封じ込める軍事同盟だったが、それが今やロシアを封じ込める軍事同盟に変身したわけだ。それもウクライナというロシアの兄弟国にNATO軍を配備するという。これはロシアの安全保障を脅かす行動だとしてロシアは、欧米に抗議した。この時から新たな冷戦が始まったと、ポズナーは解説する。

2000年にプーチン大統領の政権が誕生するが、プーチンによる最初の提言は、NATOに加盟させてほしいというものだった。2つ目の提言はEU（欧州連合）にロシアを加盟させてくれ、というものだった。[注27]ロシアはＮＡＴＯに加盟させてもらえなかったが、その理由の説明はなかった。ＥＵ加盟の方は、「ロシアは大国過ぎるからダメ」という返答だった。[注28]

プーチン大統領はそれでも欧米との関係を良好に保ちたくて、２０１３年まではさまざまな努力をしていた。米国がアフガニスタンと戦争を始めた時は、米軍によるロシア国内の基地の使用も許可している。[注29]だが、２０１４年に米国が主導したウクライナの首都キエフにおけるクーデターで、米国とロシアの関係は完全に悪化した。

第5章 「マイダン革命」の実行犯は英米ネオコン

2014年のウクライナで起こったクーデターを理解しないと、今回のウクライナ戦争の真相はわからないというのが、世界の常識だ。[注1]

このクーデターで民主的な選挙で選ばれたヤヌコービッチ大統領政権が打倒された。この「マイダン革命」と呼ばれるクーデターを企画実行したのが欧米エリート層なのだ。その主体は米国のネオコン・メンバーたちだった。

ヤヌコービッチ大統領はウクライナ東部出身で親ロシア派だ。貧しい家庭の生まれで、実力でのし上がってきた叩き上げの人物だ。[注2] 2013年にヤヌコービッチ政権はEU加盟の交渉をしていた。だがEU側の提示した条件はウクライナにとっては厳しいものだった。一方、ロシアはウクライナに経済支援を約束した。[注3]

ヤヌコービッチ政権はEUとロシアの間で揺れて、EUとの交渉を遅らせた。そんな時、EUとの交渉を求める平和的な市民デモが発生した。EUに加盟して豊かな生活を実現したいという極めて平和的なデモだった。ところがこの平和的なデモが、2014年になって暴力的になってきた。ウクライナ国民からは全く支持されていない超右翼のいくつかの団体が、デモに参加し始めたのだ。[注4]「ライト・セクター」などの超右翼勢力は欧米の支援を受けていた。彼らは戦闘的なグループで、平和なデモを暴力的なデモに変貌させた。当時の映像がたくさん残っているが、それを見ると、警察隊に暴力をふるっているのは「ネオナチ」とも呼ばれる「ナチスの腕章」をつけた極右グループだ。

この時期、欧米のプロパガンダ機関であるBBCやロイター通信、CNNなどは、デモ隊に暴力を振るっているのは警察隊だと、嘘の情報を流した。[注5]

2014年2月初めのウクライナの世論調査を見ると、国民の50パーセント以上が、欧米に支援される過激なデモ隊を批判している。[注6]

2014年の2月19日に、デモ隊と政府が小競り合いを一時停止することに合意した。そんな時にスナイパー集団（狙撃隊）が現れた。スナイパーたちは短時間の間に60人も射殺している。殺しの対象となったのは警察隊とデモ隊の両陣営だった。この

狙撃隊の目的は明らかにデモ隊を暴徒化することだった。[注7]

カナダのオタワ大学の学者たちが、この時の映像を5年かけて詳しく分析している。[注8] 狙撃者たちの行動を分析したのだ。当時の映像はたくさん残されていた。そこでどこから弾が飛んできて、誰を標的としていたのかが判明した。それによると、狙撃隊が陣地としていたのは、当時、デモ隊が占拠していた建物の高層階だった。[注9]

政府の警察隊はこの高層ビルの高層階に潜むスナイパーたちと銃撃戦を交えていた。デモ隊に対しては全く発砲していなかった。だが欧米エリート層のプロパガンダ機関であるBBCをはじめとする欧米マスメディアは、証拠もないのに警察隊がデモ隊に発砲して殺したと報道した。[注10]

これはプロパガンダだったが、報道を信じたデモ隊は過激化してしまった。

スナイパー部隊は外国からの傭兵であったが、誰が雇ったのかはいまだに不明だ。今、一番疑われているのは欧米の諜報機関だ。なぜなら当時の「ライト・セクター」などのウクライナの極右組織には、外国のスナイパー部隊を雇えるほどの資金力がなかったからだ。

この大虐殺があった翌日、政府の建物を守っていた警察隊が持ち場を離れた。政府とデモ隊の間で停戦協定が結ばれたからだ。その隙をついて欧米の支援する「ライト・セクター」などの極右ネオナチ団体が大統領官邸を襲い占拠した。これで極右勢力によるクーデターが成功したことになった。[注11]

クーデターが起こる20日前の1月28日には米国の国務次官ビクトリア・ヌーランドと米国のウクライナ駐在大使ジェフリー・パイアットの電話会談が盗聴されていた。その内容がリークされたのだが、二人はクーデター後のウクライナ政府の閣僚を誰にするかと相談していた。この通話内容は今でもＹｏｕＴｕｂｅで聴くことができる。[注12]

クーデター後のウクライナ政府の閣僚の顔ぶれは、この二人の相談していた通りになっていた。つまり米国は、ウクライナ政府の閣僚の人事権まで掌握していたのだ。

２０１３年12月にビクトリア・ヌーランドはキエフで講演をしている。その時に「ヤヌコービッチ政権を転覆させるのに、米国は50億ドル使った」と述べている。[注13]

米国政権とＣＩＡ（米国中央情報局）は、世界中でさまざまな政権をクーデターで転覆させてきている。民主的な選挙で選ばれている政権でも、英米支配者層は気に食わないと転覆させる。2014年のヤヌコービッチ政権を転覆させたクーデターも、1973年の南米チリ共和国におけるクーデター同様、まさに自由民主主義を打倒するクーデターだった。

世界の多くの知識人の間では、欧米エリート層が、民主主義を守る存在ではなく、帝国主義者たちであり、自由民主主義の破壊者たちであることが常識となっている。つまり自由民主主義を守るという彼らの主張は、欧米のご都合主義によるプロパガンダにすぎないのだ。

この欧米主導の2014年のクーデターが、今回のウクライナ戦争の始まりとなった。この後のウクライナ国内では、クーデター支持派と反対派に分裂してしまったのだ。

クーデターに成功したウクライナの極右勢力である「アゾフ連隊」や「ライト・セクター」は、クーデターを支持しないロシア語を話す親ロシア派を攻撃し始めた。一方、親ロシア派はロシア語を公用語として維持してほしいと、ネオナチ派が支配するウクライナ政府に嘆願した。[注14]

クーデター後のウクライナ政府は極右勢力に乗っ取られていた。極右はウクライナ人によるウクライナを求めていた。つまりロシア系やポーランド系やハンガリー系やユダヤ系のウクライナ人は「国から出ていけ」、と主張するような過激な思想を持っている人々だ。極右勢力がウクライナの国民の支持を受けていなかったことは、選挙結果や世論調査でわかる。だが、米国政府は極右勢力をウクライナ政治のキングメーカーにしていた。つまり、欧米の支援する極右勢力の了解がないと、政治が動かないようにしたのだ。［注15］

ウクライナでは2014年から内戦が始まった。ウクライナ東部の人々がロシア語も公用語として使える自治領を確保しようと動き、それに反対する極右勢力との戦闘になったのだ。［注16］

ここでルポライターの清義明が雑誌『論座』に書いた記事『ウクライナには「ネオナチ」という象がいる～プーチンの「非ナチ化」プロパガンダのなかの実像』が真相を伝えている。［注17］清義明によると、ウクライナのネオナチの存在は、別にロシアだけが取り上げて警告してきたことではなく、西側のメディアもずっと取り上げ続けてきているそうだ。

ウクライナ戦争を開始したのはロシアではない

次に、ウクライナ戦争を開始したのはロシアではないという話をしておこう。NATOの軍事アナリストでウクライナ軍の顧問をしていたスイスの軍人ジャック・ボウは、ウクライナ戦争を開始したのはロシアではないという。

ジャック・ボウは2014年から5年間、NATOに頼まれてウクライナに滞在し、ウクライナ軍の士気を高めるために力を尽くした。[注18]

彼の見方は欧米のマスメディアとは全く異なっている。ジャック・ボウによると、今回のウクライナ戦争を起こしたのは、米国と英国とEUに後押しされたウクライナであったそうだ。

戦争が始まる1年前にゼレンスキー大統領は政令を出している。ウクライナ東部に5万人の兵隊を送り込んでクリミア半島を取り戻すという。[注19]

そして2022年2月16日にウクライナ軍は、2つの共和国に総攻撃を仕掛けた。これは国際条約である「ミンスク合意」の違反であり、米国によって起こされた代理戦争の始まりだった。爆撃は2月16日に始まり19日と20日が一番酷かった。爆撃の詳

細はNATOの報告書から明らかだ。それを見てからロシア政府は動き出した。［注20］
20日になって、ロシア政府は急遽、ウクライナ東部の2つの共和国の独立を承認し、同時に友好同盟条約を締結した。ロシアの狙いは国連憲章第51条に従って行動することだった。国連憲章によると、防衛同盟を結べば、その枠組みに従って相互軍事援助ができるからだ。ロシアはその要件を満たしてから、2つの共和国の要請に応えて、2月24日にウクライナ紛争に参加した。［注21］

米国のバイデン大統領は2月11日にロシアが参戦すると予言したが、ウクライナ軍が2月16日から戦争を始めることを知っていた。これを見てもはっきりとわかるのはウクライナ戦争を始めたのは英国・米国・EUに支援されたウクライナ政府なのだ。［注22］

もう一つ私たちが欧米のプロパガンダのせいで誤解していることがある。それはドンバス地方で戦っている2つの共和国の軍隊というのは、もともとウクライナ軍だったことだ。

2014年のクーデターでロシア語の使用が禁止され、ロシア語を喋るウクライナの兵士たちが脱走を始めた。いくつかの機甲部隊が丸ごと脱走して2つの共和国に

入ってしまっている。その部隊が現在、ウクライナ軍と戦っている。[注23]
もう一つ私たちが誤解をしているのは、2つの共和国が「ウクライナから独立したい」と言ったことがないことだ。ただロシア語を公用語にしないなら、2つの共和国の中では、ロシア語をもう一つの公用語にする。それだけしか求めていなかった。[注24]
2014年にクーデターが起こって、ロシア語が禁止され、2つの共和国ができた。その共和国に対してアゾフ連隊とかあるいはライト・セクターという狂信的なナショナリズムの人たちが戦争を始めて、多くのウクライナ民間人が殺されている。ジャック・ボウは、「ウクライナがドンバスで自国民を爆撃していたとき、EUは反応しなかった。もし反応していれば、プーチンは反応する必要がなかった」という。
このことは国連ウクライナ人権監視団の報告書『紛争に関連する民間人の犠牲者』を見てもわかる。[注25]これには「ドンバスでの民間人犠牲者の80パーセント以上は、ウクライナ軍の砲撃によるものである」と書かれている。
この8年間、ドネツク共和国とルガンスク共和国は、ロシアに支援を求めていたが、ロシアは支援に応じなかった。ジャック・ボウはその頃ウクライナにいて、武器がロシアから送られるのではないかと、NATOのために調査をしていた。その調査の結果「ロシアから武器が届けられたことはなかった」ことがわかっている。[注26]ウクライナ治安局（SBU）の調査では、自治共和国の中でロシア人の戦闘員を56人しか見つけていない。[注27]

プーチン大統領は2つの共和国に対する支援を頼まれていたが、支援の許可をしていなかった。その理由は、「これはウクライナの内部の問題である」という立場だったからだ。そしてロシアは、国連憲章の第51条に従い、相互軍事援助ができる条件を満たしてからウクライナの紛争に参加している。[注28]

ジャック・ボウがウクライナに住んでいた頃のウクライナ軍は、士気が下がっていて、脱走が多かったそうだ。予備役の兵隊に「集まれ」と号令をかけても、5パーセントしか集まらない状態だったという。[注29]そこで当時のウクライナ政府がもう一つしたことは、アゾフ連隊とか極右の武闘派を雇って、ウクライナ政府の正規の軍隊にしたことだ。[注30]

クリミア共和国はもともとロシアに属する

ジャック・ボウによるとクリミア共和国は2014年にロシアに併合されたが、これは合法的だったという。

クリミア共和国はもともと自治をしていたが、ソビエト連邦時代の1991年に住民投票をして、80パーセント以上の住民がロシアに帰属したいと意思表示をした。ところが1995年に、ウクライナが住民の意思を無視してウクライナに併合したのだ。そこで、クリミア半島がロシアに帰属することは、国際法に従えば正しいという。[注31]

このことを私は知らなかったので驚いた。だが、日本のマスメディアに流れる情報というのは欧米のプロパガンダばかりだ。日本のマスメディアに頼っていては、世界のことは何もわからないというのが、50年前からの、日本の知識人の常識だ。そこで国際紛争の真相を知るのに、中立的なスイス人で、しかもNATOの軍事アナリストによる証言というのは、無視しないで耳を傾けるべきではないだろうか。

ウクライナ戦争は欧米が仕組んだ代理戦争で、「ロシアの弱体化」を狙ったものなのだ。つまりウクライナ人は英米支配者層に使われて、猟犬の役目を果たしているのだ。だが奇妙なことに日本のロシア専門家と呼ばれる人々は、ウクライナ戦争が欧米の代理戦争であることを認めない人が多い。

なぜなのだろうか？

一つは欧米エリート層による、ミルナー卿流のプロパガンダが見事に成功しているためだろう。さらには、日本の専門家たちのつながりが欧米と深く、ロシアと浅いのかもしれない。フランスのロシア専門家の多くは英国の諜報機関ＭＩ６に雇われているる。[注32]日本でも似たような事情があるのだろうか？　ヨーロッパのマスメディアでは、日本同様、欧米とウクライナのプロパガンダしか報道されないそうだ。

欧米エリート層の言い分を聞いていると、全て「ロシアが悪い」「プーチンが悪い」となる。だが、それは本当だろうか？　次の章ではプーチンとゼレンスキーの真の姿を見てみよう。

第6章 ロシアとプーチンとゼレンスキーの真の姿

ロシアの真実の姿を知るには、米国のシンクタンク「ランド研究所」の報告書が参考になる。カリフォルニア州にあるランド研究所は、米国の国防総省や陸軍に頼まれて国際戦略の研究を行い、提言をする組織だ。

2019年に『ロシアを拡張させる。有利な条件での競争』という調査報告書が出版されている。アメリカ陸軍省参謀本部に依頼されて提言したものだ。[注1] 内容は「いかにお金をかけないでロシアを弱体化するか?」というものだ。これを読んで驚いたのは、米国のロシア専門家たちのプーチン大統領に対する評価が非常に高いことだ。[注2]

米国政府としては「プーチン大統領を政権から失脚させたい」のだが、それは多分無理だろうとランド研究所は分析している。理由はプーチン大統領にはロシアの指導者になる正当性があるからだという。

第一にプーチンは民主的な選挙で選ばれている。ロシアは議会制民主主義の国なのだ。そしてこの20年間における、プーチンの実績は素晴らしいという。ロシアは、米国との冷戦が終わった後に国家としては崩壊したが、それを立て直して、世界の大国に甦《よみがえ》らせたのがプーチンであると評価している。

ソビエト連邦が崩壊してロシア共和国連邦になったロシアは、資本主義経済に転換したが、経済が崩壊して失業率が高まり、貧困層も国民の50パーセントに達していた。ところがプーチンが政権を握ってから、失業率も貧困層も半分に減った。［注3］

またロシアの軍隊というのは冷戦後に、完全に士気が下がってしまって、武器も古く、役に立たない軍隊になってしまっていた。これもプーチンが見事に立て直した。［注4］

さらにランド研究所が素晴らしいと言っているのは国民のプーチン支持率が非常に高いことだ。過去20年間を見ると、国民の支持が一番低い時でも59パーセントだ。それ以外の時はほぼ80パーセントの国民がプーチン政権を支持している。［注5］その理由についてもランド研究所の分析は明瞭だ。

プーチンは欧米によって「独裁者」「殺人者」だと非難されているが、身近で見ているロシア人からすると、「良識ある穏健派」なのだという。[注6]これが本当なら、欧米の「プーチン憎し」のプロパガンダが、世界中で見事に成功していることになる。

私の個人的な意見では『プーチン、自らを語る』[注7]という本を読んで、「あぁ、友達を大切にするプーチンは、常識的な人だな」と思った。そして2022年に米国のオリバー・ストーン監督による、『プーチン・インタビュー』という4時間にわたるビデオを見て、プーチンは頭脳明晰で、冷静だが、ジョークが上手で、欧米のプロパガンダから想像するプーチン像とは、まったく異なる印象を受けた。

2020年8月20日、ロシアからドイツに旅行中の反プーチン派の指導者アレクセイ・ナワリヌイが「毒殺されそうになった」という事件があった。映画にもなっている。だが、毒殺は欧米のプロパガンダである可能性が高い。ドイツでナワリヌイを診察した医師が『ランセット』という有名な医学雑誌で最終報告をしているのだ。それによると、ナワリヌイは毒をもられたのではなく、薬の配合を間違って飲んだせいで意識不明になったという。[注8]

ランド研究所のロシア専門家たちの意見では、プーチンは冷酷な面はあるが独裁者ではないという。彼らによると、プーチンが望んでいるのは国民の間における「本物の人気」なのだそうだ。だからプーチンは、野党（反対者）がいなければならないと考えている。[注9]

この方針を貫いているプーチンは、ロシアの外交面に関しては、誰も反対者がいなくなってしまったそうだ。したがってロシア国内でプーチンに反対をする政治家は、国内問題しか議論しないという。[注10]

現在、ロシア最大の政党である「統一ロシア」は元来、反プーチン派の党であった。だが、プーチン大統領との論争に負けて、２００７年以降はプーチンを支える党になっている。[注11]

ロシア弱体化の3つの方法

次にこのランド研究所の報告書でびっくりしたのは、ロシア軍の士気が非常に高いことだ。ソビエト連邦が崩壊したあと、ソビエト軍は完全に壊滅した状態だった。だが現在、ロシアの正規軍は70万人いて、そのうち半分以上が志願兵で構成されている。

日本の自衛隊と同じような志願兵なので大変に士気が高いという。残りは徴兵された兵隊だ。［注12］

さらにランド研究所の分析では、米軍を除いたNATOの30カ国の陸軍全部と、ロシアの陸軍地上部隊とが戦ったら、ロシアの方が圧倒的に強いという。地上部隊だけを考えたら、米国の陸軍でも勝てないそうだ。ただし空軍、海軍を含めた軍事力全体で見たら米国の方が強力だと分析している。［注13］

ランド研究所によると、ロシアのS－400防空ミサイルシステムは世界最高の防空システムだという。トルコもこの防空システムを購入して話題になったことがある。T－14アルマタという最新鋭の戦車も、ステレス性を持つIT戦車で、世界最高峰の戦車だという。もう一つロシアが世界に誇るのは、移動式戦略核発射装置だそうだ。［注14］

なぜロシアが軍事力の強化に努めているかについて、ランド研究所の報告書は次のように述べる。

ロシアがS－400のような強力な防空システムを開発したのは、米国のよ

うな軍事大国の攻撃から自国を守るためであった。ソビエト連邦とは異なり、ロシア連邦は西ヨーロッパに侵入するための大規模な陸軍を擁していない。

つまり、欧米や日本のメディアでは、ロシアがヨーロッパの征服を考えているとされているが、それは全くのプロパガンダなわけだ。

このランド研究所の報告書の最初の言葉は、ロシアに関する格言から始まっている。「ロシアは見かけほど強くもなく、弱くもない」というものだ。この格言は数百年前から言われているが21世紀になった現在でも、真実だという。

報告書の目的は、ロシアをどのように「弱体化」するかだ。多岐にわたって検討しているが、実現可能でリスクが少ない方法は以下の3つになっている。

最優先の策は世界の石油価格を下落させることだ。ロシアの経済は天然資源に頼っている面が強い。特に石油や天然ガスの輸出で、ロシア経済は潤っている。石油の値段を世界的に下げればロシアは超大国にはなれないし、プーチンは政権を維持するのも大変になると分析している。[注15] さらに天然ガスの輸出の抑制とパイプライン拡張の阻止を大事な施策としている。[注16]

2つ目は、ロシアに対する経済制裁の強化だ。2014年のクリミア共和国併合から、すでに経済制裁を行なっているが、それをさらに強化するのだ。だが、経済制裁は米国だけでやっても限界がある。世界の多くの国が同調しなければ効果は牛まれにくい。そこで、プロパガンダを使ってロシアを悪者にしなければならない。それにはロシアが他国を侵略するなど、世界の国々に悪いイメージを持たれるようにしなければならない。[注17]

3つ目はウクライナ政権に欧米の代理戦争をさせることだ。つまり、ウクライナ軍を訓練して、武器を与えて、ロシアと戦わせることだ。ランド研究所の報告書は「代理戦争」という言葉を使っている。ウクライナに代理戦争をさせる利点については「ドンバス地域を保持するために、ロシアが負担するコストを、血と財の両面で増大させる可能性がある」という。[注18]

一方、危険性もあるという。[注19] それらは……

●ロシアがより多くの軍隊を投入し、ウクライナ内部に深く入り込むかもしれない。

●ウクライナを、不利な和平に導くかもしれない。
●ウクライナに提供した兵器が闇市場で売却されるかもしれない。
●米国がウクライナ支援を強化した場合、欧州の支持を危うくする可能性がある。

ランド研究所の専門家たちの分析は、かなり優れていると思う。2023年7月のウクライナ戦争の現状を見ると、ウクライナは絶望的な状況に追い込まれている。したがって欧米のウクライナ政策が重大な敗北を喫することになりそうだ。

米国のオースチン国防長官は「ロシアの弱体化」が今のウクライナ支援の目的だと明言している。[注20] そのような話を聞かなくとも、ウクライナ戦争の実態を観察している人なら、誰でもウクライナが欧米によって代理戦争を戦わされていることを疑わないだろう。武器とかアドバイザーを送り込んで戦争させるというのは、代理戦争の定義そのものだからだ。これでウクライナ戦争が、英米が企画した第二の「ロシア弱体化」戦略であったことがおわかりいただけたことだろう。

これが代理戦争ではないと信じている日本のロシア専門家がいまだにいるのは驚きだ。日本の専門家と言われる人たちは、ランド研究所の報告書も読んでいないのだろうか。「代理戦争ではない」と欧米に洗脳されているのは、世界中で日本人だけなのかもしれない。

ウクライナの真実の姿

次はウクライナの真実の姿になるが、多くの疑問がある。日本や欧米のマスメディアはウクライナ賛美のプロパガンダに専念していて、本当の姿がなかなか見えてこないのだ。

そこで、スイスの情報将校でNATO軍事アナリストであるジャック・ボウ大佐の言葉から真の姿を探ってみよう。ジャック・ボウ大佐はロシア語も理解でき、ウクライナ駐在も長い東欧の専門家だ。[注21]

ウクライナの真の姿だが、まずはゼレンスキー大統領の真の姿から始めよう。ゼレンスキー大統領は道化役者だったが、2019年に大統領選挙に出馬して当選した。その時の選挙スローガンは「ヨーロッパとの統合路線を訴える一方で、ロシアとの対話も重視する姿勢」だった。ドンバスの2つの国内共和国とも対話をする姿勢だった。

だが当選後、問題が起こった。「極右狂信者たちが、ゼレンスキーがロシアと和平を結ぼうとするなら、殺すと脅したことである」。[注22] しかもこの脅迫はネオナチ集団によって公然となされている。[注23]

ウクライナ戦争が始まってから、ゼレンスキーは欧米や日本のマスメディアによって「英雄的な聖人」のように扱われている。だが、2021年10月に発表された「パンドラ文書」ではヨーロッパで一番、汚職が激しい人物とされている。ウクライナという国もヨーロッパで一番汚職が盛んだとされている。[注24]

ウクライナの汚職が今も健在なことは、米国のCBSテレビで報道されたように米国の提供してきた武器が戦場に届くのは、わずか40パーセント程度であることからもわかる。このような事情があるので、米国は最新鋭兵器をウクライナに送ることはないという。[注25]

現在、米国製のミサイル「ジャベリン」を一番多く所有するのはロシアだといわれている。[注26] 事実、マウリポリの攻防でウクライナ軍のヘリコプターは米国製の「ジャベリン」ミサイルで撃墜されている。闇市場のこのミサイルの値段は一機3万ドルだという。[注27]

次にウクライナはロシアよりも民間人を保護しているのだろうか？　人権に対する意識がロシアよりも高いのだろうか？　結論を言うと、ロシア軍の方が民間人の被害を最小にしようと試みており、私たちの誤解は、欧米とウクライナのプロパガンダに洗脳されてしまっているためだ。

例えばキエフ郊外のブチャでロシア軍が虐殺を行ったとされている。だがこれは大嘘だ。真相はウクライナのネオナチが虐殺したのだと、ウクライナの社会党の国会議員イリヤ・キバが暴いている。虐殺を隠蔽すべきだと英国の諜報機関MI6が提言して、ウクライナ保安局が実行したのだ。[注28]

2022年7月、ロシア語圏の都市ドネツクに、おもちゃのように見える数千個のPFM・1（「蝶」）対人地雷を散布したのもウクライナ軍だ。[注29]ウクライナ軍がこのように非人道的な行為を行えるのは、相手がロシア系ウクライナ人だからだ。一方、ロシア連合軍はロシア語を話す同胞が住む地域で戦闘をしているので、民間人に被害が及ばないように神経を使っている。[注30]

ウクライナがロシア人を同等だと見做さない法律もある。2021年7月に発布された「先住民の権利に関する法律」だ。

この法律は、民族の出身によって国民に異なる権利を与えている。つまりウクライナのロシア語圏の人々は二流市民になっている。そのため、ロシア軍に占領されたドンバス地域では、抵抗運動が起きない。実際、住民はロシア軍の到来をむしろ好意的に受け入れている。[注31]

2022年4月8日のクラマトルスク駅での民間人へのミサイル攻撃の後、ロシアは欧米メディアに非難された。その時点では、攻撃の詳細はほとんどわかっていなかった。それにもかかわらず、ロシアは非難された。現在では、ミサイルの製造番号、発射方向、ミサイルの種類など、事実上の証拠はウクライナの責任を示す傾向にある。[注32]

さらに言うと、ウクライナは独裁国家であり、民主主義国家とは言えない。野党メディアは禁止されているし、野党の党首は牢屋に入れられている。拷問も常態化して野党指導者だけでなくジャーナリストもウクライナ保安庁に追われている。[注33]

ウクライナでは50歳以下の男性は国を離れることができない。ロシアでは数万人の若者が戦争を嫌い国外に去ったと言われているが、その方がよっぽど自由で民主的ではないだろうか。このようにウクライナという国はとんでもない独裁国家であり、支援には値しない。

ウクライナ戦争を引き起こした欧米の目的は、「より良いウクライナ」や「より良いロシア」ではなく、「より弱いロシア」を手に入れることだけなのだ。米国と英国・ＥＵはウクライナやロシアの人的被害のことなど気にしていない。だからこそ、欧米諸国は紛争を長引かせるためにあらゆる努力ができるのだ。

現在の英米・ＥＵの支配者層は、帝国主義を継続させて、世界を支配しようとしている。アジア諸国、中東、アフリカ、南米諸国は、欧米の「嘘」や「二重基準」「プロパガンダ」に気がついて、大国である中国やロシア、インド、ブラジルなどが先頭に立って、「欧米による世界支配」に異を唱え始めた。２０２３年を生きる私たちは、今、歴史の大転換を目撃しているのだ。世界的な地殻変動が起こっているのだ。

次に欧米エリート層による「富の収奪」について確認しておこう。「莫大な富が世界支配に有効」であると考えるセシル・ローズ方式だ。それは製薬会社を利用した詐欺だ。

《第3部》
新型コロナとワクチンの真相

第7章 COVIDと疫病エイズの奇妙な類似

2020年1月から世界は激変した。コロナ騒ぎが始まったからだ。コロナ騒動の主役となっていたのは、億万長者のビル・ゲイツと米国立アレルギー感染症研究所（NIAID）の所長、アンソニー・ファウチ博士だった。

2020年に米国で100万部以上売れたベストセラーがある。『アンソニー・ファウチ博士の正体』という本だ。[注1] 著者はロバート・F・ケネディ・ジュニアで、ジョン・F・ケネディ大統領の甥になる。つまり米国の司法長官を務めたロバート・F・ケネディの息子だ。この本は米国で大ベストセラーになったが、日本では翻訳出版されていない。

アンソニー・ファウチ博士は、2022年で82歳になるイタリア系アメリカ人で、これまで七代の米国大統領に助言をしてきた公衆衛生の最高権威として、米国で君臨してきた。
国立アレルギー感染症研究所（ＮＩＡＩＤ）の所長を40年間も務め、政府の役人としては大統領よりも高額の給与を受け取っていることでも有名だ。だが、２０２２年の終わりに引退した。
ファウチ博士が頭角を表したのは、エイズという伝染病が、世界的に蔓延したとされる１９８０年代だ。このエイズという病気が「怖い」と宣伝して、ファウチ博士は一気に公衆衛生の世界でスターとなった。ファウチ博士は「エイズは空気感染する怖い病気だ」とテレビインタビューで主張して、米国だけでなく世界中を一気に恐怖に陥れた。だが、この発言は虚偽であったことが今では判明している。テレビインタビューの映像も残されているので、彼の嘘を確認することもできる。[注2]
興味深いことにＣＯＶＩＤ騒動の時と同じように、エイズの時にも大袈裟な予測がされて、人々は恐怖に落とし込められている。当時エイズ調査委員会の議長を務めていたセラサ・クレンショーは「このまま感染が広がれば14年後には10億人が感染しているだろう」と述べた。[注3]
ドイツの雑誌には「10年後にはドイツ人が滅亡する」とまで書かれた。[注4]「ニューズウイーク」誌も「8年後には500万人から1000万人がエイズで死亡するだろう」と予測している。[注5]これらの予測は新型コロナの時と同様に、全くの間違いであった。

ファウチ博士はエイズの原因はHIVウイルスであると、現在でも主張しているが、エイズの原因がHIVウイルスではないことは、すでに証明されている。[注6]

エイズという病気は存在しない

エイズという病気は存在せず、いくつかの病状の総称がエイズなのだ。

主な原因は人間の免疫力の低下だ。免疫力が低下する原因には色々ある。ワクチンを打ちすぎても人間の免疫力は低下する。麻薬の打ちすぎや、貧困、寝不足や、暴飲暴食、偏食、飢饉、栄養不良、水の汚染、環境の悪化でも人間の免疫力が弱くなる。[注7]

エイズ騒動の初期の頃、92パーセントの患者は男性の同性愛者だった。残りの8パーセントの患者は子どもと女性だった。だが医学的にみたら、ウイルスが男女を選

ぶわけがない。同性愛はエイズの原因ではなかったのだ。生活の質がエイズ症状を生む原因だったのだ。[注8]

エイズの原因とされるＨＩＶウイルスを発見して、ノーベル賞を受賞したフランスの故リュック・モンタニエ博士や米国のロバート・ギャロ博士は、ＨＩＶは無害なウイルスだと主張している。[注9]「ＨＩＶだけではエイズの原因とはなり得ない。何か別の要素が必要だ。この別の要素が何であるかはまだわからない」というのだ。[注10]

この見解は当時のウイルス学の第一人者であったピーター・デューズバーグ博士と全く一緒だ。[注11]ところがこの事実を、世界中の大衆のほとんどが知らない。世界の支配者たちによるプロパガンダが成功しているからだ。

『エイズ株式会社』を書いた調査ジャーナリストのジョン・ラパポルトは、数百人の医師たちにインタビューをしている。その時、多くの医師は「エイズという病気は存在しない」と証言したが、匿名にしてくれと頼まれた。なぜなら研究をしている医師たちは製薬会社や国の研究所から研究費をもらっているからだ。[注12]

その時の経験をもとにジョン・ラパポルトは「マトリックス3部作」を書いている。彼は当時、製薬会社やファウチ博士のプロパガンダに騙されなかった珍しい人物だ。

3部作の『マトリックス』では、私たちがプロパガンダの世界に住んでいる事実、どのように洗脳されているのか？　どうしたら洗脳から逃れることができるのか、などについて心理学者やプロパガンダ専門家たちと一緒になって分析している。[注13]それによると、洗脳されないためには、自分なりの創造力を発揮する世界を持っていることが大事だという。ラパポルトの場合は絵画だった。

『マトリックス』ではエイズのプロパガンダを実行した専門家たちが、エイズはプロパガンダで作られた幻想であることを語っている。そしてエイズが伝染病だというプロパガンダを推進していたのはスーパーリッチの財団だった。[注14]

エイズのことを、中立的な立場から検証したドキュメンタリーが2009年に放映されており、YouTubeで見ることができる。[注15]このドキュメンタリーは、アメリカの若い医師ブレント・W・レオンが製作した『伝染病の解剖』という映画だ。

この映画では、ファウチ博士のみならず、HIVウイルスの発見者、故リュック・モンタニエ博士、米国のロバート・ギャロ博士、PCR検査を発明した、故キャリー・マリス博士などの生のインタビューが見られる。現在のコロナ騒ぎの原点が、エイズ騒動にあることがわかる大事なドキュメンタリー映画だ。

この映画の中で、キャリー・マリス博士やロバート・ギャロ博士が興味深い証言をしている。

「1980年代になって、世界的に伝染病が無くなった。そこで米国立アレルギー感染症研究所や米疾病予防管理センター（CDC）の予算が削られた。これらの政府機関は、病気を増やさなければ潰されてしまう、と焦っていた」という。[注16] キャリー・マリス博士は「CDCの中では新たな伝染病を見つけよう。米国民を怖がらせて、もっと金をもらわなければならない」というメモが回覧されていたと証言している。[注17]

伝染病がなくなってこれらの研究所が困っていたことについては、赤十字社のポール・カミングスも、『エイズ・ウイルスの発明』を書いたカリフォルニア大学名誉教授のピーター・デューズバーグ博士も指摘している。[注18]

背景にあるのは、1970年以降、冷蔵庫の普及、先進国の栄養事情や、上下水道などの衛生事情が改善されて、伝染病が激減していたことだ。小児麻痺もDDTという殺虫剤の使用が禁止されてから病気の発生が見られなくなっている。そこでファウチ博士は、組織防衛のために、「エイズは怖い伝染病だ」とプロパガンダしたわけだ。

ファウチ博士は、エイズを怖い伝染病に仕立て上げることで、米国政府から多大な研究費を引き出し、そのお金を使って、権力を築くことができた。その研究費を、自分の意思に従う大学や研究所や製薬会社に、ばら撒いたのだ。[注19]エイズ騒ぎから、すでに40年も経つが、エイズという伝染病など存在していないという事実を知っている人々は、世界中でまだまだ少ない。

エイズが怖い伝染病だと煽り立て、国からの研究費を独り占めにしたファウチ博士は、自分の方針に逆らう人には一切、研究費を渡さなかった。その犠牲者の典型が、当時の米国で最も尊敬されていた科学者の一人であるピーター・デューズバーグ博士だった。[注20]

カリフォルニア大学バークレー校の教授であったピーター・デューズバーグ博士は、「HIVというウイルスがエイズという病気の原因であるわけがない。ヘルペス同様に、基本的にはおとなしいウイルスだ」と、米国議会で痛烈に批判した。ファウチ博士の主張に真っ向から異を唱えたのだ。しかしその後、国の機関に研究費を申請しても、一切貰えなくなった。[注21]

尊敬されていたウイルス研究の第一人者であるピーター・デューズバーグ博士です

ら、国から研究費をもらえなくなった状態を見た若い研究者たちは、震え上がった。それ以降、ファウチ博士の意向に逆らうには勇気が必要となったのだ。

ファウチ博士がもう一つ行ったことは、回転ドアの設置だ。金融業界と米国の財務省やホワイトハウスにある回転ドアは有名だが、似たようなものを製薬業界にも作ったのがファウチ博士だ。新薬や新ワクチンの使用認可を行う政府機関に、製薬会社の研究員を送り込む仕組みだ。これで製薬会社の新薬が認可される可能性が高まった。[注22]

エイズとコロナで使われた2つの手法

ファウチ博士は「危ない新薬や、新ワクチン」に特別認可を与えることを特技としている。その結果、本来は不要なワクチンもたくさん作られ、ファウチ博士の力で特別認可が与えられている。[注23]

エイズ禍の時には、劇薬であるAZTを強引にFDA(アメリカ食品医薬品局)に承認させたことでファウチ博士は有名だ。AZTは無害のHIVウイルスを持つ、何十万人という人々を殺すことになった。なぜなら、毒薬AZTを飲むと、体の免疫力が破壊され、まさにエイズにかかったような状態になるからだ。[注24]

同じ手法は新型コロナでも使われている。現在のコロナ騒動では、レムデシベルという薬が、COVIDの治療に使えることになっているが、これも科学的な治験の途中で臨時許可が降りた劇薬だ。日本の場合、レムデシベルは末期段階の患者にしか使われないので少しは安心だ。

もう一つファウチ博士の得意な戦略がある。それは病気によく効く安い市販薬があっても、使用させないことだ。エイズの時代では、ファウチ博士の努力によって、効き目のある安い市販薬を処方した医者が、罰せられるようになった。このようなエイズの時代を理解するには、ハリウッド映画の『ダラス・バイヤーズ・クラブ』を観るとよい。エイズにかかったと診断された人々は、争って高額なAZTを購入し、本当にエイズのような症状を出して亡くなっている。[注25]

同じ方法がコロナ禍でも採用されている。世界中の医療現場でコロナと戦っている医師たちが、抗マラリア剤や、イベルメクチンという安いウイルス薬が、COVIDに非常によく効くという治験報告をしている。[注26] イベルメクチンを開発してノーベル賞を獲得した大村博士も、新型コロナにも効くと証言している。
実績を見るとインドネシア、イスラエル、インド、アルゼンチンで、イベルメクチンを使い始めてからCOVIDの影響が一掃されている。[注27]
例えばインドネシアでは2021年7月22日からイベルメクチンを使い始めたが、8月初めにはコロナにかかる人も、死者数も激減している。[注28]
インドでは2021年4月20日から全国的にイベルメクチンを使用し始めた結果、ニューデリーでは「イベルメクチンがCOVIDを殲滅した」と報告されている。[注29]ところが、欧米でも日本でも、これらの薬を使うことが推奨されなかった。WHOも使用を推奨していない。

スーパーリッチによるプロパガンダ

これもスーパーリッチによるプロパガンダが功を奏している典型だ。

英国の国営放送BBCが「イベルメクチンは馬の薬だ」とプロパガンダを流した。[注30]だが、英国の高名なジョン・キャンベル博士に、嘘を徹底的に暴かれている。[注31]看護学の専門家であるキャンベル博士の動画のチャネル登録者は220万人もいる。そして「正しい科学知識を普及させている」と、ユニセフからも推奨されている動画チャネルだ。

BBCの記事はエイズ禍の時代から使われている典型的なプロパガンダ記事だ。この記事の最初に、BBCリアリティー・チェック（ファクトチェック）とあるのがお笑いだ。真実を調べるのがファクトチェックの役目だが、そもそもファクトチェック自体がプロパガンダになっており、ファクトチェックが正しいかどうかをチェックしなければならない時代になっている。

この記事を読んだ読者たちからキャンベル博士の元には、「内容が真実なのかどうか調べてくれ」という要望がたくさんあった。そこでキャンベル博士は、記事にある「独立した調査グループ」について詳細に調べた。

結論は、この記事が二人のジャーナリストによって捏造された誤情報だったことだ。この記事は架空のデータに基づく、ジャーナリストたちの個人的な意見にすぎなかった。つまり典型的なプロパガンダであり、調査グループの科学者なども、名前はあっても、何の研究も発表していなかった。全てが捏造なのだ。だが、もっともらしく書

かれているので、人々は騙されてしまう。[注32]

一方、この調査を通じて、ジョン・キャンベル博士はイベルメクチンがCOVIDに非常に有効であるという信頼できるランダム化比較試験（RCT）が多数、存在することを見つけている。ランダム化比較試験を長期にわたって大量に行うと、医学的にみて信頼性の高いデータが得られる。すでに大量のメタアナリシスが行われており、多くの医学雑誌に報告されているが、その78の治験をみると、イベルメクチンを飲むと、COVIDの発症率が66パーセント低くなる。重症化率も86パーセント低減するという結果になっている。[注33]

日本の興和という会社の治験では、オミクロン株にもイベルメクチンが効くことがわかっている。[注34]このことからわかることは、BBCなどのマスメディアは、新型コロナを流行らせたい人々や、ワクチンやCOVID特効薬を売りたい人々のプロパガンダに利用されていることだ。

同じようなことは安価な抗マラリア剤についても行われている。

ニューヨークの北にあるメイン州で開業しているメルリ・ナス博士は、炭疽菌や疫病やウイルスの専門家として有名だ。彼女は米国の国家情報長官やキューバ保健省のコンサルタントをしていた信用のおける医師だ。その彼女が、医師免許を停止されたと聞いて驚いて、原因を調べてみた。

原因はCOVIDの治療に抗マラリア剤を使用したせいだった。インドやアフリカで医療経験のあるメルリ・ナス博士は、アフリカでマラリアに感染したこともあり、抗マラリア剤に関しては、深い知識を持っている。

メルリ・ナス博士が治療していた二人の老夫婦がCOVIDに感染した。まずいことにご主人の方には基礎疾患があり、重症化の恐れがあった。そこで抗マラリア剤を処方することにした。[注35]

メイン州ではCOVIDの治療に抗マラリア剤を使うことは合法だった。ところが困ったことに、メイン州の医師会はCOVIDに抗マラリア剤を使ってはいけないという勧告を医師と薬局に出していた。メルリ・ナス博士が抗マラリア剤の処方箋を出したら、薬局から「何の病気につかうのですか」と問い合わせがあった。そこで咄嗟に「ライム病に使います」と返答した。

抗マラリア剤を処方された老夫婦は、無事にコロナ禍を乗り越えた。だが、薬局に嘘を言う羽目に陥ったメルリ・ナス博士は不満で、メイン州の医師会に「抗マラリア剤使用禁止」の勧告を取りやめるようにと手紙を書いた。そのせいで、彼女は1ヶ月間、医師免許を停止されたのだった。

ウイルス学の権威であるメルリ・ナス博士は、なぜWHOが抗マラリア剤の使用停止を決めたのかを調査してみた。その結果、ブラジルで行われたランダム化比較試験では、使われた抗マラリア剤の分量が多すぎたことがわかった。そのために多くの死者が出ていたのだ。[注36]

この抗マラリア剤と、イベルメクチンの事件からわかることが2つある。

ひとつは、どこかの勢力が、人命を助ける医師の行為を邪魔していること。

2つ目は抗マラリア剤と、イベルメクチンの使用を拒むことで利益を得る団体があることだ。つまり、人命を尊重しない、お金儲けを第一にする人々がいることだ。そして医療は仁術ではなくなり、算術でもなくなり、詐術になってしまっていることだ。

エイズ騒動とCOVID騒動は様々な面で似ているのだが、それはなぜだろうか？

理由はファウチ博士のエイズでの策略が見事に成功したことに瞠目したスーパーリッチたちが、ファウチ博士を巻き込んで、新たな「富の収奪」を目論んだためなのだ。

スパーズ・パンデミック

『アンソニー・ファウチ博士の正体』によると、ファウチ博士とビル・ゲイツが行動を共にするようになったのは今から20年前だ。[注37]

ビル・ゲイツが、ファウチ博士をシアトルの広大な屋敷に招き、夕食の後、二人は湖を見渡せる大邸宅の図書室に入り、そこで密談をしたという。その結果、新たな目的を持った大きな仕掛けが生まれたのだ。

ロバート・F・ケネディ・ジュニアは次のように書いている。

その後20年以上、このパートナーシップは、製薬会社、軍事・諜報機関、WHOなどを巻き込み、兵器化されたパンデミックやワクチン、バイオヤキュリティの思想に根ざした新しい企業帝国主義を推進するまでに発展した。このプロジェクトは、ビル・ゲイツとファウチ博士に前代未聞の富と権力をもたらし、民主主義と人類に破滅的な結果をもたらすだろう。[注38]

まず、毎年、パンデミックのシミュレーションが行われるようになった。最初は炭疽菌の国内テロに対応するシミュレーションだったが、やがて世界的な伝染病が起こった時のシミュレーションへと変わっていった。[注39] 2010年には「ロックステップ」という興味深いシミュレーションが、ロックフェラー財団によって、企画運営されている。[注40]

『アンソニー・ファウチ博士の正体』によると、2017年に行った「スパーズ・パンデミック2025－2028」というシミュレーションが、今回のCOVIDパンデミックとそっくりだというので、報告書を読んでみた。[注41]

このシミュレーションはよくできており、まさにコロナ騒ぎを奇跡的に予測していたかのように見える。今回のコロナ騒動は、「スパーズ・パンデミック」シミュレーションの想定よりは6年早く始まっているが、色々な問題が起こることを推測して、それにどう対応するかが考察されている。簡単に内容を説明しておく。

- 米国で新型コロナ・スパーズが発生するのは、2025年10月中旬。
- 潜伏期間が7〜10日と長いのは現在のCOVIDと一緒。

●治療薬やワクチンが臨時許可で使用され、多くの副作用や死者が出て、市民たちから訴訟や苦情が出る。これにどう対応するかが考察されている。
●アフリカ系アメリカ人、アメリカン・インディアン、イスラム教徒、代替医療推進者が、ワクチン接種を嫌がると想定している。
●日本は欧米製ワクチンの接種に抵抗するかもしれないという。
●反ワクチングループが頑強に抵抗すると予測されている。
●これらの反対勢力が抑え込まれ、無事に全員のワクチン接種が終わり、2028年8月にパンデミック終了宣言がされることになる。

シミュレーションによると、抵抗グループを封じ込めるには、有名人や専門家を使ったプロパガンダ、さらには、政府/マスコミ/薬品会社/専門家が、全く同じメッセージを一斉に出すことが重要だと考えている。つまり一糸乱れず、世界中で同じ行動を取ることが望ましいとされている。

まるで世界規模のオーケストラのようだが、その指揮者はビル・ゲイツだという。なぜならこのようなシミュレーション・プログラムを主導してきていたロック

フェラー財団は、2015年以降、ビル・ゲイツにリーダーシップをまかせたからだ。[注42]

WHOを乗っ取ったビル・ゲイツ

ビル・ゲイツの行動を見ると、まさに世界の影の支配者であるかのような行動をしている。日本の岸田首相が首相に就任した時も、真っ先に電話をかけてきたのはビル・ゲイツであり、嫌な予感がしたものだ。[注43]

その後も、英国のジョンソン首相が退任する前夜に、ビル・ゲイツは自家用飛行機でロンドンに飛び、ジョンソン首相と夕食を共にしている。そこには現在のスナク首相も参加していたという。[注44]

WHO（世界保健機構）の最大の献金者もビル&メリンダ・ゲイツ財団だ。これまでに少なくとも10億ドルの寄付をしている。WHOの事務局長もビル・ゲイツが指名している。[注45] WHOはビル・ゲイツによるお金儲けのための組織になってしまったと、インドの著名な人権活動家、ヴァンダナ・シヴァ博士は嘆いている。

ゲイツはＷＨＯを乗っ取った。製薬会社の利益を増やすという目的のために、ＷＨＯを個人的な権力の道具に変えてしまった。彼は、世界の公衆衛生のインフラをたった一人で破壊した。彼は、自分の目的のために、私たちの健康システムと食糧システムを私有化した。[注46]

２０２０年にヨーロッパで反ワクチンの大集会があり、ロバート・Ｆ・ケネディ・ジュニアが演説をした。その後の11月に英国の諜報機関ＭＩ６が「ＣＯＶＩＤワクチンに関する公式見解に疑問を呈する世界の外国人をスパイとして監視する」という声明を発表した。同時に「反ワクチン派のプロパガンダを混乱させるために、攻撃的にサイバー攻撃」を開始することも宣言している。[注47]

ＣＯＶＩＤのパンデミックにおいて、米国のＣＩＡおよび各国の情報機関が、圧倒的な存在感を示している。トランプ大統領の指令でワクチンを早急に製造する「オペレーション・ワークスピード」の指揮をとったのもペンタゴンの軍人たちだった。[注48] ロバート・Ｆ・ケネディ・ジュニアは次のように結論している。

20年間に及ぶシミュレーションの末、CIAはアンソニー・ファウチのような医療専門家や、億万長者のインターネット大富豪と協力して、究極のクーデターを成し遂げた。歴史上のどの専制君主たちにも想像できないような新しい支配の手段を、テクノクラシーたちに備えさせた。[注49]

怖い世界になったものだ。スーパーリッチによる専制国家を作るには、言うことを聞く素直な専門家と、軍事組織と秘密警察が、絶対的に必要なことは確かだ。欧米の民主主義は奇妙な方向に流れ始めている。「ワクチン強制」は明らかな人権無視だ。欧米それを強力に推し進めようとした欧米諸国は明らかに専制国家への道を歩んでいる。

エイズとCOVID騒動はよく似ているが、新型コロナには、「遺伝子ワクチンの脅威」が加わっている。エイズの時にはワクチン製造に失敗したが、今回は未完成のワクチンの大規模な人体実験に成功している。

第8章 プロパガンダとワクチンの真相

新型コロナとは何だったのか？　自然発生したのか、それともウイルス研究所で創られたものなのか？　真相についてはまだ誰も何とも言えないが、確実なことがいくつかある。

❶ファウチ博士は「動物から人間に感染するウイルスの研究」に資金提供をしていた。米国の「生物兵器研究所」で事故があり、オバマ大統領の判断で研究を禁止されると、アンソニー・ファウチ博士は、秘密裏に中国の武漢ウイルス研究所に資金を提供して、研究を続けさせていた。[注1]

❷エボラウイルスなど細菌研究をする米メリーランド州フォート・デトリックの米陸軍基地にある「細菌・生物兵器研究所」が2019年7月、汚染水漏れを

起こし閉鎖された。［注2］

❸２０１９年の米国では奇妙な肺炎が流行っていたが、それが電子タバコのせいだとされていた。米国ＣＤＣの調査では、９月18日までに５３０例の電子タバコ関連肺障害が報告され、７人が死亡した。その後も報告が相次ぎ、12月10日時点で２４０９例に上った。［注3］

❹フランスのウイルス学者故リュック・モンタニエ博士は、中国が発表した「新型コロナウイルスのＤＮＡ構造は、私が米国の同僚であるメリーランド大学ヒトウイルス研究所のギャロ博士に、研究試料として送ったものとまったく同じものだが、４つのたんぱく質がＨＩＶ（ヒト免疫不全ウイルス）に変更されている」と証言している。つまりノーベル生理学・医学賞を受賞したリュック・モンタニエ博士は、このウイルスは人工的に作られたものだと言っている。［注4］

❺新型コロナウイルスは自然界から生まれたものではなく、「米国の研究所のバイオテクノロジーから」偶然に放出されたものだと、世界的に有名な経済学者ジェフリー・サックス博士が主張している（２０２２年12月）。［注5］サックス

博士は医学雑誌『ランセット』に依頼されて2年間、「COVIDの発生源についての研究会」の委員長を務めている。
❻ウイルス学者のジュディ・ミコビッツ博士は「エイズ以降のウイルス病は全て生物兵器だ」と主張している。[注6]

これらの情報から考えると、新型コロナは研究所で作られた可能性が高いと思われる。新型コロナ（COVID）が計画的に作られたものだとすると、誰がどのようにCOVIDを世界的な疫病にしたのだろうか？　COVIDは本当に怖い伝染病なのだろうか？

3年経つと、いろいろなことがわかってくる。結論から言うと、COVIDは作られた疫病であり、エイズ禍の二番煎じであったことが見えてくる。つまり製薬会社に投資するスーパーリッチと、ファウチ博士のような専門家が計画した「富の収奪」作戦であったのだ。その証拠はたくさん存在する。

❶COVIDは健康な人にとってはそれほど怖くない病気だった。[注7]　2022

年1月7日、CDCのワレンスキー所長は新型コロナで死亡したと分類された人の75パーセントには少なくとも4つの基礎疾患があったことを認めた。[注8]

❷日本と米国だけでなく世界の年間死者総数や死亡率は2018年～2021年で全く変わっていない。[注9]

❸欧米に比べ日本では死者数が極めて少なかったのに、コレラ並みの伝染病に指定された。[注10]

❹エイズの時と同様に、安い既存薬を使用させなかった。[注11]

❺ビル・ゲイツが告白しているように、新型遺伝子ワクチンを接種しても感染は広がったし年配者の死者数も増えた。[注12] ワクチン接種によって2022年以降、世界全体で死者数が増えた。[注13]

❻COVIDの発生から伝染病に指定されるまでの過程、ワクチン普及の過程の全てに、ビル＆メリンダ・ゲイツ財団とファウチ博士が絡んでいた。

❼ビル・ゲイツの資産は2020年から2022年の間に4兆円増えた。[注14]

❽COVID騒動でスーパーリッチは433兆円を得た。庶民は420兆円を失った。[注15]

それではまず、COVIDの発生から世界的な伝染病にされるまでの過程を見ていこう。発生に関してはすでに見てきた通り、ファウチ博士が研究させていた「コウモリの持つ菌を人間に伝染させる研究成果」が米国の研究所から漏れて発生した可能性が高い。

2019年12月31日。中国が新型肺炎の集団発生を伝えた。

2020年1月23日。WHOのテドロス事務局長は、警戒を呼びかけた。

1月31日。テドロス事務局長は「非常事態宣言」を行なった。

このように急速にCOVIDが恐ろしい病気だとされるようになったが、「怖い」「怖い」と、大いに世論を煽ったのが公衆衛生の専門家と言われる人々だった。日本では専門家と呼ばれる人たちが、45万人、あるいは10万人も死ぬとプロパガンダを流し、それにマスメディアが飛びついた。[注16]

世界的に影響力があったのはインペリアルカレッジ・ロンドンのファーガソン博士による脅しだ。今すぐにロックダウンしなければ2020年8月までに英国だけで50万人が死ぬと国民を脅したのだ。[注17] この数字はコンピュータ・シミュレーションを使って導き出されているが、資金を提供しているのはビル&メリンダ・ゲイツ財団だ。[注18]WHOも似たような脅しを行っている。ヨーロッパで夏までに50万人が死亡すると言っていた。[注19]

今になってわかったことだが、ファーガソン博士の予言はCOVIDだけでなく、前から外れ続けていた。[注20]なぜか出鱈目な数字を示し続けてきたファーガソン博士の予言が、マスメディアによって大々的に取り上げられた。これまたプロパガンダに利用されたに違いない。

民主主義の制度にはテクノクラート（技術官僚・専門家）が必要だ。だが、専門家が間違った主張をして、それがプロパガンダに利用されると、「百害あって一利なし」であることが、今回の「擬似パンデミック」でも証明された。

英国では2019年の死者数は、例年より少なかった。[注21]日本でも2020年の死者数は、2019年よりも少なかった。[注22]つまり結果から見ると、新型コロナは、日本でも英国でも、死者の少ないインフルエンザであった。

世界経済フォーラムの主催者であるシュワブ博士も、『グレート・リセット』という本の中で、「過去2000年間の疫病としては、最もマイルドなものだ」と述べている。[注23] そのようなマイルドな疫病が日本では、最も危険な伝染病と同じ扱いがされたのだ。

なぜコロナ騒ぎが起こったのかについて、英国の調査ジャーナリスト、イアン・デービスは、GPPPに注目せよと言う。GPPPとはグローバル・パブリック・プライベート・パートナシップの頭文字だ。つまり公共機関と民間企業の協力関係だ。G3Pと呼ぶ人もいる。[注24]

GPPPを推進しているのは、ビル&メリンダ・ゲイツ財団やロックフェラー財団、世界経済フォーラム、そして世界最大の資産会社ブラックロックなどだ。さらには世界の「中央銀行カルテル」や、巨大な多国籍企業もGPPPを推進している。[注25]

GPPPを推進するスーパーリッチたちは、すでに世界保健機構（WHO）を支配下においている。WHOは国連の下部組織だが、資金を提供しているのは、80パーセントが民間企業と財団なのだ。国連加盟国が出している金額は20パーセントに過ぎない。つまり、民間が主導権を握っているわけだが、最大の出資者はビル&メリンダ・ゲイツ財団だ。[注26]

GPPPを支配するスーパーリッチの狙いはいくつかある。その一つは、デジタル監視社会を作ることだ。またデモクラシーではなく、テクノクラシーの世界を求めている。デモクラシー（民主主義）では、選挙によって政治家を選ぶ。一方、テクノクラシー（技術官僚主義・専門家主義）の世界では、選挙によって選ばれていない専門家が、物事を決めていく。[注27]

スーパーリッチたちは、お金の力で政治家、専門家、マスコミを手中に収め、民主主義を骨抜きにして金権主義にして、世界の政治経済を支配することを狙っている。つまり、ＣＯＶＩＤパンデミックの狙いも「富を収奪して」金権政治にお金を使うのが目的だということになる。[注28]

ビル・ゲイツ個人の富も、２０２０年からの2年間で4兆円も増えている。ワクチン接種も富の移動に大きく貢献している。[注29] 今回のコロナ騒動で、スーパーリッチの最大の成功は、人々が従順にワクチン接種を受け入れるようになったことだ。これで、これからもワクチン接種で大儲けができるわけだ。[注30]

洗脳された社会は暴走する

今回のパンデミック騒動は、2020年8月の時点で、死者がプロパガンダほど多くなく、本質的にそれほど怖くない病気だとわかったところで、変化が起こるはずだった。ところがその後も、私たちの多くはCOVIDが恐ろしいという物語を信じている。

このことに疑問を持ったのが、ベルギーの心理犯罪学を専門とするデスメット教授だ。デスメット教授のインタビューがYouTubeで見られるが、タイトルは「なぜ多くの人がいまだに、この物語を信じているのか?」だ。[注31]概要は次のような内容だ。

デスメット教授は2020年初頭に新型コロナのパンデミックの報道を見たときに、「新型コロナの毒よりも、この病気を恐れることの害の方が恐ろしい」と新聞に書いて、ベルギーで注目を浴びた。[注32]デスメット教授はその後も社会の観察を続けていたが、COVIDがファーガソン博士の主張したような、半年のうちに50万人も死亡するような伝染病ではなかったことが判明したのに、なぜ人々が恐れをもち続けてい

るのかに疑問を感じた。[注33]

この疑問への答えは、「人々が主流派メディアのプロパガンダで洗脳されていた」ことにあるとデスメット教授は気がついた。インタビューの最後に教授は「このような洗脳に対抗するには、どうしたら良いのか?」と聞かれている。デスメット教授の答えは「抵抗を続けてください」というものだった。

デスメット教授のこれまでの研究によると、プロパガンダに完全に洗脳されてしまう人は、通常、人口の30パーセント。半信半疑の人が40パーセント。疑う人は25パーセントぐらいになるという。[注34]

ヒトラー帝国やソ連のスターリン時代のように、プロパガンダによって、洗脳される人が増え、反対勢力が沈黙してしまうと、洗脳された社会は暴走するそうだ。確かにヒトラー帝国も、反対者がいなくなると、他国への侵略やユダヤ人のホロコーストなど、好き放題を始めている。とうとう最後にはソビエト連邦まで攻撃して墓穴を掘っている。

プロパガンダによる大衆洗脳の技術は、この150年間で、驚くべき発展を遂げている。プロパガンダでもっとも有効なのは、人々の「恐怖」を煽ることなのだ。[注35]

そこで、私たちは「怖れの」実態を確認し、プロパガンダをする人々の真の狙いを見抜かないといけないのだ。

スーパーリッチたちの究極的な狙いについては、世界経済フォーラムが2020年に興味深い提言をしている。「あなたは何も所有しないが、幸福になる」世界にしたいのだという。[注36]

このような世界では、一部の人々が世界の富の全てを所有して、庶民は必要なものを、彼らから恵んでもらうことになる。つまり所有者と奴隷の関係だ。

今回の「パンデミック」を企画運営したのは、スーパーリッチたちであり、富の略奪にはワクチンが使われている。

TNI（信頼できるニュースグループ）をご存知だろうか？　英国放送協会（BBC）が、ロイター通信、ワシントンポスト、カナダとオーストラリアの放送局、欧州放送連合、AP通信、グーグル、ユーチューブ、フェイスブック（メタ）、マイクロソフト、ツイッター（X）を取りまとめてTNIを創設している。

このグループは「COVIDワクチンに関する有害な情報に取り組むために協力すること」を誓っている。[注37]ところがTNIの一番の中心人物はロイター財団会長ジェームス・スミスであり、ファイザー製薬会社の取締役だ。［注38］別の言葉で言うと、欧米エリート層のプロパガンダ総局が誕生した。ここがウクライナ戦争においても、プロパガンダの総元締めになっている。イベルメクチンに関する嘘情報を流したのもこのグループだ。

健康な若者の突然死が急増

２０２２年12月に米国でワクチン接種を再考したくなるような本が出版されている。『原因不明』という本だ。［注39］著者のエドワード・ダウドは、ブラックロック社のファンドマネージャーとして大成功した人物だ。２０２１年、ダウドはウォール街から離れ、全く新しい研究に着手した。それは、健康な若者の間で拡大し、悲劇的な広がりを見せている突然死だ。

２０２１年、健康な労働年齢の米国人が、驚くべき速度で突然死した。このような過剰な死亡は、保険数理人も予想していなかったし、ＣＯＶＩＤに起因するものでもなかった。ダウドは保険会社の幹部たちを集めて、さらに詳しく調査した。各国の様々な公的な情報源からデータを引き出し、このテーマをあらゆる視点から研究した。エド・ダウドの言葉によると……

2021年2月から2022年3月にかけて、ミレニアル世代（1981年〜1996年生まれ）は、ベトナム戦争に匹敵する体験をし、6万人以上の超過死亡を経験した。ベトナム戦争は12年かけて、同じ数の健康な若者を殺している。［注40］

異常な現象が起こり始めたのは、2021年だ。若者の突然死が急激に増えたのだ。それも、舞台の演技中に急死し、スポーツ選手が競技中に急死している。さらには寝ている間に急死する若者も多かった。こんなことは、2020年よりも前には起こっていない。［注41］だが、これからは「新日常」になるようだ。

若者の突然死の原因については、COVIDの新型遺伝子ワクチンの影響しか、考えられない。他に原因がありそうならば、教えてほしい、とエド・ダウドはいう。［注42］

米国には政府が作った「ワクチン有害事象報告システム」（VAERS）がある。

30年以上前に作られたシステムだが、コロナの新型ワクチンが打たれるようになってから150万件以上の有害事象報告があった。この数はそれまでの32年間の報告総数よりも多い。これは異常な数だ。[注43]

しかも、有害事象報告をする人は主として医療関係者や緊急治療室のスタッフだ。普通の人が報告するには、手続きが煩雑で、無理なのだ。したがって150万件の有害事象報告は氷山の一角なのだ。エド・ダウドは「健康な若者の突然死が急増している原因について」次のようにいう。

それは28日間の臨床試験しかしていない、新しい技術を用いた実験的な医薬品が大量に投与されたことだ。ワープスピード作戦のもと、これらの製品はFDA（アメリカ食品医薬品局）によって速やかに「安全かつ有効」と判断され、2021年4月までに、対象となるアメリカ人の約50％に新製品が注射された。[注44]

新しい技術を用いた実験的な医薬品とはファイザーやモデルナの新型遺伝子ワクチ

ンだ。2021年の春から秋にかけて、バイデン大統領は「パンデミックが収まらないのはワクチン未接種者がいるためだ」と宣伝し、医療機関のみならず、100人以上の従業員がいる企業にワクチン接種を強制した。[注45]

当時のCDC（アメリカ疾病予防管理センター）やアンソニー・ファウチ博士の国立アレルギー感染症研究所も、NIH（アメリカ国立衛生研究所）も「COVIDワクチンが、ウイルスの感染や拡散に対して100パーセント有効である」と宣伝していた。人々はみんな、この宣伝が真実であることを願ったが、結果的に「大嘘」であったことが証明された。[注46]

COVIDワクチンは、感染を止めないし、病気を防げず、老人も救えなかった。[注47]誰でも知っているようにCOVIDに感染しても、生存率は99・8パーセントなのだ。致命的な疾患を抱えている老人にとっては危険な病気だったが、若者にはかなり安全な病気だった。[注48]

ところがバイデン大統領も、アンソニー・ファウチも、日本政府も日本の専門家も、この人体実験的な遺伝子ワクチンの接種を子どもにまで奨励した。

子どもたちへの接種は全く不要だった。新型ワクチンを接種したために、世界中で

子どもたちの不審死や障害が増えている。[注49]

新型ワクチンは、感染も拡散も防げる、重症化も防げる、死亡率も下がるという触れ込みだった。だが実際には、ワクチンは感染を防げないし、拡散も防げない。その上、ワクチンを大量に接種してから、世界中で死者や障害者が急激に増えている。[注50]

アメリカ疾病予防管理センター（ＣＤＣ）は２０２1年9月1日にワクチンの定義を「特定の病気に対する免疫を作り出す」接種剤から、「病気に対する身体の免疫反応を刺激するために用いられる製剤」に変えている。つまり私たちが接種されているのは、ワクチンではなくただの治療薬なのだ。[注51]

一方、「自然感染してできた免疫はワクチンによる免疫反応よりも13倍も強力」だと、ワクチン接種の先進国イスラエルの医療機関から公表されている。[注52]

新型遺伝子ワクチンを接種して急死をしている若者たちは、心筋炎で亡くなっている。心筋炎とはどんなものか、専門家の説明を掲載しておく。

13歳から18歳を対象にしたファイザー社のワクチンによる最初の研究では、

半数近くが無症状の心筋炎になることが判明した。つまり、相当数の若者が実際に心臓にダメージを負っているにもかかわらず、本人も親もそれを知らず、心臓ダメージの最初の症状は心停止ということになる。心筋梗塞は運動場で起こることもあれば、睡眠中に起こることもあり、また、後に心不全を起こすこともある。[注53]

ワクチンはどこの国でも、基本的に「劇薬」として扱われている。したがって、無闇に接種して良いものではない。そんな常識も欧米エリート層のプロパガンダによって、吹き飛ばされてしまった。

欧米エリート層が支配する米国の大産業は3つある。金融業と軍需産業と製薬業界だ。これは人間にとって大事な「お金」と「死」と「生」を扱う産業だ。その3つ全てで欧米エリート層は詐欺を行っている。ウクライナにおける代理戦争も詐欺だし、リーマンショックでは金融業界が詐欺を行って大儲けした。さらに新型コロナ騒動では、製薬業界が詐欺を行って大儲けをしている。

2023年1月26日にビル・ゲイツはオーストラリアのローウィ研究所で、次のような発言をしている。

私たちは、COVIDワクチンの3つの問題点を解決する必要があります。現在のワクチンは、感染をブロックできません。そして、持続時間が非常に短く、特に重要な人たち、つまり老人を守れません。[注54]

これは過去のビル・ゲイツの発言とは様変わりだ。ビル・ゲイツはCOVIDの世界的なワクチン接種キャンペーンを奨励し、ワクチン接種の義務化を支持してきた。mRNAワクチンにも多額の投資をしている。

トップテニスプレイヤーのジョコビッチ選手が、ワクチンを接種しないために2022年のオーストラリア・オープンに出場できなかった時に、「ジョコビッチは人の模範となるべきなのに、周りの人への心くばりがないことに失望した」と発言している。[注55]

調査ジャーナリストのジョーダン・シャハテルは、オーストラリアでのビル・ゲイツの発言を受けて辛辣な発言をしている。

マイクロソフトの創業者ビル・ゲイツは、COVID騒動の立役者の一人であり、悲惨な世界的流行政策に他の誰よりも大きな影響を与えた。その彼が2年間推進してきたmRNA注射が、役に立たない製薬会社のガラクタに過ぎないことをついに認めた。

ゲイツは以前、次のように言っていた。「ワクチンを打つ人は皆、自分を守るだけでなく、他の人への感染を減らし、社会が正常に戻ることを可能にしている」。2021年、ゲイツは、mRNAワクチンを「魔法」と表現し、今後5年間で「ゲームチェンジャー」になるだろうと述べていた。[注56]

「新型コロナ」のパンデミックは終わったと喜んでいたが、第二のパンデミックが始まった。それは「遺伝子ワクチン」のパンデミックだ。遺伝子ワクチンを接種したために起こっている働き盛りの健康人や子どもたちの突然死や身体障害発生の問題だ。自由な国アメリカ合衆国では『原因不明』を書いたエド・ダウドのような研究者が出てくるが、日本ではどうなのか？　「臭いものには蓋をしろ」を好む日本人は真相追求を好まないだろうか？　ビル・ゲイツのような典型的な欧米エリート層の跋扈《ばっこ》を停止させなくて良いのだろうか？

次章では、ワクチンを「無闇に接種してはいけない理由」を論証する。欧米医学や製薬会社は、どこまで信用できるのか。

第9章

欧米医学はどこまで信用できるのか?

米国在住の峰宗太郎医師は遺伝子ワクチンの接種は危険だと、次のように言っている。

これは新規の大規模な社会的人体実験です。科学の視点からいけば、本来20年かけてもおかしくないくらいの検証を思い切りすっ飛ばしている。安全性については、普通だったらワクチンの治験が停止するくらいのものも出ています。ここは激甘な基準になっているところがあるのですよ。すべての情報をディスクロージャーすると、おそらく打つ人は減ると思っています。[注1]

一方、ウイルス学の専門家、母里啓子《もりひろこ》博士はインフルエンザ・ワクチンを打つなと主張している。

第一に、「家族や他人にうつさないためにワクチンを接種」しろというのは、大嘘だという。真実はワクチンを打ってもインフルエンザの感染は防げないのだ。ワクチンを打つと体の中に抗体ができる。体内には抗体ができても鼻腔には抗体ができない。だが、ウイルスが繁殖するのは鼻腔であり、そこから人々に伝染する。風邪と同じで、本人に病気の症状が出ていなくても、くしゃみでもすれば周りの人々に感染する。[注2]

第二に、コロナを含むインフルエンザ・ウイルスは1~2週間で新型に変異する。つまり、ワクチンを打っても必ず「ブレークスルー」されてしまう。[注3]

第三に、ワクチンを打てば「重症化しない」というのは大嘘だ。インフルエンザ・ワクチンが登場してから70年経つが、そんなデータはどこにもない。全てプロパガンダに過ぎないのだ。[注4]

第四に、「ワクチンは薬事法上の劇薬」であり「ワクチンの副作用事故は今も起こっている」。だから、「インフルエンザ・ワクチンを接種してはいけない」と母里博士は述べている。[注5]

母里博士は「生活環境も、栄養状態もよくなった日本。必要なワクチンはほとんどなくなりました」と言う。そしてインフルエンザを予防する方法についても伝授してくれている。

流行時期に人混みに出ないことです。適度に体を動かし、規則正しい生活をして、美味しいものを食べ、よく眠る、ということにつきます。［注6］

母里啓子博士は新型コロナ騒ぎで感じたいくつかの疑問にも答えてくれている。たとえば、なぜ厚労省はワクチン接種に熱心なのか？

日本では1994年に予防接種法が改正され、3歳から15歳までの子どもたちへのインフルエンザ・ワクチンの義務接種が廃止された。インフルエンザ・ワクチンの接種は、子どもたちの害になってもプラスにはならないことが判明したからだ。［注7］ところが厚労省は何とかしてインフルエンザ・ワクチンの接種を続けようとした。病気でない人に接種するインフルエンザ・ワクチンは医師にとっても製薬会社にとってもドル箱だからだ。［注8］

日本では子どもたちへの接種を諦めてから、新たなターゲットとなったのは米国の真似をして、老人たちだった。［注9］
なぜ医者たちはワクチン接種に反対しないのか？　母里博士の言葉だと次のようになる。

はっきり言ってしまうと、インフルエンザ・ワクチンを扱うと、医者は儲かるから、なのです。毎年、毎年、あらゆる世代に打てるのですから、こんなにいい商売はありません。
ワクチンは万能ではありません。当然ながら欠陥も限界もあるものなのです。そうしたことを若い医師たちが学ぶ時間は残念ながらあまりありません。ワクチン信仰というか、ワクチンはいいものだ、というプラス面しかインプットされていない医師もけっこう多いようです。［注10］
市販されているワクチンへの評価を厳しくすべき研究者の研究費が、当のメーカーから出ている、その資金援助なしには研究が成り立たないというのが現状なのです。

厚労省直属では、研究者は何も言えません。現在実施されている予防接種について評価することは、政治的な意味が出てくるから、口をださない、関与しない、という傾向にあると思います。［注11］

日本でも米国でもワクチン接種が推奨されるが、ワクチン接種が増えた国では、国民が健康になっているのだろうか？

ワクチン先進国・米国の姿

ワクチン先進国・米国の姿を見てみよう。米国では現代特有の慢性病が異様に流行っている。

これは『ワクチン、自己免疫、そして変わりゆく小児疾患の本質』という本から引用している。著者はトーマス・コーワン博士という小児科医だ。まずアレルギーだが、現代の米国人5人のうち2人がこの病を持っている。発達障害とか発育障害と呼ばれる病気は6人に1人。注意不足障害・多動性障害は9人に1人。喘息は11人に1人。

食物アレルギーは13人に1人。自閉スペクトラム症は36人に1人だ。[注12]

このように、爆発的に慢性病が流行っているが、これらは過去に存在していなかった病気だという。なぜこのように奇妙な病気が増えたのかというと、ワクチンの過剰接種が疑われている。なぜなら「安全なワクチンは、全く存在しない」からだ。一方、確実にワクチンが引き起こしたと証明されている病気もある。その一つが慢性疲労症候群（CFS）だ。[注13]

慢性疲労症候群とは、身体の診察や臨床の検査で異常が認められないのに、日常生活を送れないほどの重度の疲労感が長期間続く症状だ。20～50代にかけて多く発症し、男性よりも女性に多く見られる傾向がある。

ジュディ・マイコビッチ博士は慢性疲労症候群（CFS）の原因がポリオ・ワクチンであることを突き止めて、2009年10月8日の「サイエンス」誌に研究論文を発表している。[注14] 慢性疲労症候群の原因は、1934年から1935年に、ロサンゼルス市の病院で実験的なポリオ・ワクチンの接種を行なったことにあった。ワクチンを開発したのはロックフェラー研究所だ。[注15]

ワクチン開発のためには、ウイルスを培養するのに、さまざまな動物の組織を使う。

このポリオ・ワクチンの場合は、ネズミの脳を使ってウイルスを増殖させていた。このネズミの持っていた雑菌が、新ワクチンの人体実験に応じた医師と看護師198人に乗り移ってしまい、副反応が起こり、慢性疲労症候群（CFS）が蔓延し始めたのだ。ロックフェラー研究所は多大な賠償金を医師と看護師198人に支払っている。[注16]

この病気の病名が決まったのは2006年だが、それまでの70年間にこのネズミのウイルスは世界中に拡散してしまった。[注17] このネズミが持っていたウイルスは「XMRV」と命名されたが、「XMRV」が白血病や前立腺癌（男性のがん）、自己免疫疾患、アルツハイマー、慢性疲労症候群の原因となっているのだ。[注18]

さらに「XMRV」に感染した女性患者の多くが、自閉スペクトラム症の子どもを産んでいることが判明して、医学界は大騒ぎになった。[注19]

さらに悪いことに、血液や血液製剤に「XMRV」が広く混入していることも判明した。「XMRV」は体外受精や母乳を通して母から子に受け継がれ、人間の生態系の一部になっている。[注20] 米国では1000万人以上の人々が「XMRV」を体内に潜めており、時限爆弾となっている。日本やアジアにもこの「XMRV」は広まって

いる。[注21]

このような事実を発表したジュディ・マイコビッチ博士は、製薬会社や、政府機関からの迫害を受けている。なんの理由もなく警察に拘束されたり、研究資料を奪われたり、犯罪者のように扱われたが、今でも大資本家や大製薬会社との戦いをやめずに、世界的著名人になっている。

このようにワクチンの欠点を指摘する研究者は、スーパーリッチとビッグファーマ（巨大製薬会社）から大攻撃される。なぜならCOVIDワクチンでもわかるように、スーパーリッチたちは、ワクチン事業を「富の収奪」の大事な武器と考えているからだ。

自閉スペクトラム症とワクチンの関係も、世界的な大問題になっている。米国の小児科医トーマス・コーワンによると自閉スペクトラム症の存在が発見されたのは1937年だが、1990年代頃まで、米国ではほぼ存在していない病気だったという。ところがワクチン接種が盛んになってから、目立つようになってきたそうだ。[注22]

自閉スペクトラム症の原因は今でも不明だが、「XMRV」だけでなく、ワクチンに含まれるアルミニウムや水銀なども原因候補となっている。

ワクチンは現在、世界中で100種類以上も開発されており、不要なワクチンも多い。製薬会社のドル箱となっているワクチン接種には、慎重な態度で臨むべきであることだけは間違いない。

打ってはいけないワクチンの最たるものは、ポリオ・ワクチンだ。[注23] そもそも、ポリオ（小児麻痺）の原因はウイルスではないのかもしれない。除草剤や殺虫剤が原因だったという調査ジャーナリストの本も出ている。[注24]

1980年代まではモンサント社の作っていたDDT（殺虫剤）やヒ素系の除草剤が農業に使われていたが、そのような薬品の使用を禁止したら、小児麻痺も発生しなくなった。[注25] こういう意見は抹殺されてしまいがちだ。水俣病の時にもわかったように、薬や除草剤や水銀が病気の原因であっても、スーパーリッチたちが支配する世の中では、大企業や投資家たちによって隠蔽される。

1960年代初頭にモンサント社のDDTの危険性を暴露したレイチェル・カーソン博士も化学業界やマスメディアによって大攻撃された。[注26]

日本を見ると、1980年以降40年間、ポリオ・ウイルス（現株）そのものから小児麻痺になった人は、一人もいない。あるのは、ワクチンが原因となって発症した

小児麻痺だけだ。つまりポリオ・ワクチン接種は、今では体に害を与えるだけなのだ。[注27]

猿のウイルス「SV40」

ポリオ・ワクチンに関してはもう一つ大問題がある。それは米国の大製薬会社が作った、猿の腎臓を使ってポリオ・ウイルスを培養した、2種類のワクチンだ。このことについては『背徳という疫病』の序文で、ロバート・F・ケネディ・ジュニアが詳しく語っている。

1961年、バーニス・エディ博士は、癌を引き起こす猿のウイルス「SV40」が、ポリオ・ワクチンに混入していることを突き止めた。NIH（アメリカ国立衛生研究所）は、この情報を隠蔽し、ワクチンの使用を継続した。メルク社とパーク・デイヴィス社はポリオ・ワクチンを回収した。だがNIHは、ワクチンプログラムに風評被害を与えることを恐れて、ワクチンの全面

回収を拒んだ。その結果、1961年から1963年にかけて、何百万人もの無防備なアメリカ人が、発癌性ワクチンを接種することになった。その後、公衆衛生局はその「秘密」を40年間も隠し続け、合計で9800万人のアメリカ人が接種を受けた。

今日、猿のウイルス「SV40」は世界中の研究所で使われている。なぜなら、「SV40」は非常に強力な発ガン性を持っているからだ。

現代において世界中で癌が多くなった一つの原因は、このワクチン接種にある。日本のワクチン開発の専門家たちは、日本は「ワクチン後進国」などと言うが、これは大間違いで、ワクチン接種に慎重だった日本人は賢いのだ。

ワクチンに関しては、米国で40年間、小児科医をしてきたトーマス・コーワン博士の経験に感銘を受けた。コーワン博士は、基本的にワクチンを打たない医者だ。自分の子ども3人にもワクチンを接種していない。コーワン博士が常備していたことがあるのは、破傷風のワクチンだけだ。[注28] この小児科医によると、ワクチン接種は、なるべくやめておいた方が良いという。現代の慢性病の多くにかからなくて済むからだ。

日本の母里啓子博士も同様の意見で『もうワクチンはやめなさい』という本も書いている。[注29]

トーマス・コーワン博士によると、衛生環境が良くなった現代では、麻疹《はしか》や水疱瘡のワクチンも接種しないほうが利口だそうだ。麻疹は4歳から7歳ごろに誰でもかかる病気だが、自然に治癒させると、一生、免疫力をもつ。さらに女性の場合は、それが、赤ん坊にも受け継がれるので、幼児と、成人に死亡者の多い麻疹対策として、自然感染と自然治癒が素晴らしいという。[注30]

水疱瘡ワクチンは1996年に作られたワクチンだが、「なんでこんなものが必要なんだ?」と呆れ返ったそうだ。このワクチンは打っても免疫力が中途半端で、成人になってからヘルペス、帯状疱疹にかかりやすくなるのだ。[注31]

アメリカでは6歳になるまでに50種類のワクチンを接種することを勧められており、18歳までには69種類のワクチン接種を勧められているという。これはあまりにも多すぎるとコーワン博士は嘆く。[注32]

なぜこんなに不必要なワクチンが増えてしまったのだろうか? それは現代医学が暴走しているからなのではないか。現代医学は、何か考え違いをしているのではないか。もう一つはビル・ゲイツのようにワクチンで大儲けを狙う人がいることにもある。ビル・ゲイツがインドで違法にワクチン接種を広めて、インド人の怒りを買っていることは『ニューズウイーク』誌でも報道されている。〔注33〕

コロナ騒ぎがなかなかおさまらないが、それは「ゼロ・コロナ」を目指す人々がいることも影響している。彼らは自然を征服できるという欧米的考え方の信者に違いない。私たちは、微生物であるバクテリアやウイルスによって生かされている生物だという謙虚な認識が必要だ。

欧米医学の根本的な間違い

効かないワクチンをたくさん接種しようとする欧米医学には、何か本質的欠陥があるのではないだろうか？　ワクチン関係の本を読むと、必ずワクチン開発に功績のあったと言われるルイ・パストゥールの話が出てくる。

フランスのルイ・パストゥールについては中学や高校で、ワクチンや近代細菌学の開祖だと教わる。パストゥールは、当時のヨーロッパで、富と権力と地位と名声を手に入れていた。だが、パストゥールは聖人ではなく詐欺師であったと非難する本もある。

『パストゥール：盗作者で詐欺師』を読むと、確かにパストゥールは盗作もしているし、詐欺的な実験もしている。この本によると「パストゥールは何も発見せず、他人の仕事を故意に流用し、改竄し、曲解した」のだそうだ。[注34]

『ペシャンかパストゥールか？』という本も興味深い。フランスの著名な生化学者アントワーヌ・ペシャンはパストゥールと同時代を生きたが、ペシャンの研究もパストゥールに盗作されている。だが『ペシャンかパストゥールか？』という本は、盗作の話ではなく、病気の原因に関する意見の相違だ。[注35]

パストゥールは、全ての病気には「病原菌が存在する」と考えており、ワクチン接種の提唱者だった。ロバート・コッホというドイツの学者が、「コッホの4原則」という「病原菌存在」の証明方法を考えて「細菌が病原である」という仮説を確立して、現代西洋医学の根本的な思想となっている。ワクチンも薬剤も「細菌説」の考え方に基づいて作られている。[注36]

一方、アントワーヌ・ペシャンは病気の原因は環境だと考えた。つまり、特定の病原菌よりも、衛生状態、食事の質、睡眠の質、有害物質にさらされていないか、水が清潔かなどの衛生環境が大事だと考えていた。[注37]

看護婦として有名なナイチンゲールは、ペシャンやパストゥールと同じ時代に生きていたが、看護の現場経験から「環境説」の支持者だった。「病原菌は猫や犬のような存在ではない。病状は環境によってその姿を刻々と変える。介護でできることは、新鮮な空気を与え、清潔な環境を作り、栄養を与えることだ」という考えだ。[注38]

100年経ってみると、ペシャンの考え方が正しかったことは証明されている。一方、コッホやパストゥールの「細菌説」の方は、時代遅れになって修正が必要だ。特にウイルスが登場してから「細菌説」は、病原菌の存在証明すらできなくなって混乱している。病原菌とされるウイルスの実態は、何もわからないのが現状なのだ。[注39]

私たちに関係の深いヘルペス・ウイルスの祖先は、4億年前のデボン紀に遡ると推測されている。[注40] 地球に誕生してから歴史の浅い人類から見ると大先輩だ。私たち人間は、本当のところ、ウイルスに作られて生かされている存在なのだ。生物でもないし、無生物でもないウイルスは、今でも私たちにとっては理解できない存在だ。今の科学では「生命とは何か?」の定義すらできなくなってしまっている。[注41]

『何があなたを病気にするのか？』という分厚い７００ページの本がある。副題は「病気についてあなたが知っていることは全て間違っている」というものだ。著者はダウン・レスターとデービッド・パーカーという二人の会計学と工学の専門家だ。専門は医学ではないのだが、10年をかけて調査した労作だ。

この本は「細菌説」を否定し、病気の原因は環境であり、農薬や殺虫剤や水銀などの毒物だと主張する。[注42]

21世紀の現在、上下水道が発達して、空気や水の汚染もかなり取り除かれ、栄養環境も改善された。その結果、疫病も少なくなった。ところが新型コロナの伝染病が発生して、２０２０年から２０２３年まで続いている。

これは一体なんなのか？

ウイルス学の専門家３人とジャーナリストによって書かれた『ウイルス・マニア』という本がある。[注43]この本の序文を著名な病理学者であるエディエンヌ・ド・ハーベン博士が書いている。それによると……

私たちが目撃しているのは「ウイルス」の伝染病ではない。「恐怖」の伝染

病を目撃しているのだ。「恐怖」を煽っているのはマスメディアとビッグファーマ（巨大製薬会社）の両者だ。ちなみに、「恐怖」は、素晴らしい利益を生むビジネスに火をつける。

このようなウイルス研究の分野では、仮説が科学的に検証されることは事実上ない。その代わりに「コンセンサス」によって確立される。反対意見を議論から排除するための重要な手段は、一般メディアから科学出版物に至るまで、さまざまなレベルでの検閲である。[注44]

つまり私たちは科学的に検証されていない仮説に基づき「恐怖」という伝染病に脅かされて、ロックダウンをして、ワクチン接種をしていることになる。『ウイルス・マニア』は、私が興味を持っている「エイズの嘘」にも詳細に触れているが、ハーベン博士の序文では次のように書かれている。

ＨＩＶエイズの仮説は、目標を何も達成することができなかった。その代わりに、毒性の強い薬が無責任に使われ、致死的な副作用が頻繁に起こっている。

この本の中では、「ウイルス研究の腐敗」によるエイズの悲劇が詳細に記録されている。[注45]

「エイズという名の病気があり、空気感染もする」というアンソニー・ファウチ博士の主張によって、私たちは脅かされてきた。「恐怖」はハーベン博士が言うように、「最も致命的な伝染性ウイルスであり、メディアによって、最も効率的に伝染する」のだ。

新型コロナ騒動において日本は、何でもかんでも欧米の風潮に流された。その多くは製薬会社や、雇われ専門家のプロパガンダで作られた意見だった。日本には有能なウイルス学者も多い。日本にはイベルメクチンの元となったような不思議なウイルス菌も存在する。日本は欧米の製薬会社や専門家の言うことに従ってはいけないのだ。独自の立場を貫くべきだ。

日本の公衆衛生のレベルは高い。何でもかんでもビル＆メリンダ・ゲイツ財団やWHOの言うことに従うのはやめるべきだ。日本には独特なファクターXが存在する。それは日本の独特な風土だ。したがってインフルエンザ・ワクチンの接種を推奨するのも、すぐにやめるべきだ。

第10章からは、日本がこれまで、どのようにスーパーリッチや英米支配者層に対処してきたか、これからの世界はどうなるのか、日本人は何をすれば良いのかを考察する。

《第4部》欧米の世界支配を終わらせる

第10章 欧米エリート層と亜細亜の戦い

日本はユーラシア大陸の東端にある離れ小島だ。一方、ヨーロッパはユーラシア大陸の西端にあり、大陸の一部だ。したがって、日本がヨーロッパ諸国と出会ったのは、それほど古い昔ではない。

日本の戦国時代には、すでにヨーロッパ諸国がアジアに進出していた。1543年にポルトガル人が種子島に漂流してきて、鉄砲が伝えられ、日本の職人たちが大量生産をして、戦闘に使われるようになり、日本の歴史も変わった。

豊臣秀吉が天下を取った頃には、九州で信者が増えていたキリスト教が弾圧された。宣教師たちの狙いが、宣教だけではなく、日本の支配、富の収奪にあることに、豊臣秀吉が気づいたからだ。

徳川家康の時代になると、長崎に出島が置かれ、ポルトガルやオランダとの貿易が盛んになった。だが島原の乱（1637年）が起こってから、カソリック教徒のポルトガル人は排除され、交易はプロテスタントのオランダ人のみと行われるようになった。

日本が英米支配者層と出会うようになったのは、英国人が南の海から、植民地支配を拡大し、北上し始めてからだ。英国人はエジプト、コンゴ、南アフリカ、オーストラリア、インド、ビルマ、シンガポール、マレーシアと植民地を拡大し、中国にも南の海から迫っていた。現代の中国が南シナ海の支配にこだわるのも、西洋諸国の侵略が、南シナ海方面から行われたためだ。[注1]

ヨーロッパ諸国は南北アメリカ大陸を侵略し、富を搾取し、文明を破壊した。ポルトガルやスペインは主に中南米大陸を侵略した。英国は北米大陸を侵略して、アメリカン・インディアンの文明を破壊して、土地を奪い、先住民の絶滅を図った。オーストラリア大陸でも英国人は、先住民アボリジナルたちを野生動物のように狩りたて、絶滅を図った。このようなことが始まったのは16世紀だから500年前だ。ユーラシア大陸の西端に住んでいたヨーロッパ人たちは、驚くほど戦闘的な野蛮人だったのだ。

日本が欧米の脅威を感じ始めたのは、隣国中国の清王朝が英国に蚕食されてからだ。

英国が清王朝にアヘン戦争を仕掛けたのは1840年で、2年後には南京条約を結び、香港を割譲させている。

次は日本の番だと、日本人は警戒を強めた。そんな時にペリー総督の黒船が日本に来航した。1853年のことだ。それからの日本は英米支配者層による植民地化を逃れるため、欧米化に努めた。日本は1871年に廃藩置県を行なって、侍の時代を終わらせた。

日本は欧米文化習得の優秀な生徒で、見事に政治・経済・文化の欧米化を進めて、独立を保つことができた。日本における欧米化とは主にヨーロッパの帝国主義、植民地主義、エリート支配主義を学ぶことであった。日本人が尊敬してやまなかった大英帝国のエリートたちは、典型的な帝国主義者であり、人種差別主義者であり、植民地主義者だった。第1部で取り上げた英米支配者層はその典型だ。彼らの特徴の一つは傲慢きわまりないことだ。その傲慢さの元になっているのは優生学に基づく「白人至上主義」であり、貴族による議会制民主主義だ。

英米支配者層のエリート意識の強さについては、興味深いエピソードがある。これは『ニューヨーカー』という雑誌に掲載されたインタビューだ。主人公はジョージ・

H・W・ブッシュ大統領。父親の方だ。

第二次世界大戦でジョージ・ブッシュは艦上攻撃機のパイロットとして太平洋戦争に参戦して、小笠原列島の父島近郊で被弾して墜落した。この時ブッシュはパラシュートを使って脱出した。同乗していた二人の戦友は戦闘機内に残ってしまったが、そのうち一人はパラシュートで脱出したが、傘が開かなかったとも言われている。[注2]

その後、大統領選挙に臨んだブッシュは「なぜ、一人だけ脱出したのか?」と聞かれた。ブッシュは、「私はエリートとして、お国の役に立たなければならない人間だからだ」と答えた。

このブッシュの考え方は、欧米のエリートたちに共通するようだ。彼らには「人は皆同じ」とか「平等」という考えはない。特殊な人間であり、選ばれた人間、あるいは選ばれた人種であるという意識があるのだ。

これは「ノブレス・オブリージュ」(エリートとしての使命感)であり、素晴らしいという考え方もある。だが一方、ただの勘違いの「傲慢」になってしまうことも多々ある。例えば、「ブッシュ・ドクトリン」やウクライナに代理戦争をさせる欧米諸国にみられる呆れるほどの傲慢さだ。

日本人は「脱亜入欧」をして、欧米諸国の帝国主義を学んだが、西洋的な傲慢さも身につけた。英米の帝国主義、植民地主義、人種差別は、まさに「ノブレス・オブリージュ」の「傲慢な態度」の一部だ。

日本と米国が持つ2つの顔

日本の帝国主義・植民地主義の歴史を見ると次のようになる。

1894年：英国の真似をして隣国の清国に戦争を挑み、翌年に下関条約を結び、台湾を植民地にした。

1904年：日露戦争を戦い、ポーツマス条約で南樺太を手に入れた。日露戦争は英米のための代理戦争だった。大英帝国は帝政ロシアのユーラシア大陸の南下を好まず、日英同盟を結んだ。中国への進出を狙っていた米国の金融資本は、日本に戦争資金を提供している。

1910年：日本は韓国を併合した。

1914年：第一次世界大戦に参戦して、アジアにあったドイツの植民地を取り上げて、日本のものとした。

1931年：満州事変を起こして、中国への侵略を始めた。

1932年：上海事件を起こして、満州国を建国した。

1937年：日中戦争を本格的に開始して、中国に攻め込んだ。

1941年：真珠湾攻撃を行って第二次世界大戦に参戦した。

このようにみてくると、日本はまさに立派な帝国主義の国であり、植民地主義の国だった。

1945年2月にヤルタ会談があり、5月にドイツが無条件降伏をして、8月には日本がポツダム宣言を受諾して、連合国に無条件降伏をした。これで、日本は英米支配者層に屈服した。第二次世界大戦における日本人の戦死者数は、310万人ということになっているが、なんのために死んだのか？

一つは、間違いなく高村光太郎が詩で詠ったように、アングロサクソンによる世界支配の否定だった。［注3］欧米の植民地支配、帝国主義支配の否定だ。欧米諸国による世界の富の収奪の否定だ。高村光太郎のいう通り、隣邦の中国は痩せ細り、インドやマレーシアやビルマも英国に搾取されていた。ハワイやフィリピンも米国の帝国主義に征服されて、悲惨な目にあっていた。

明治時代の日本人たちは、アングロサクソンが「非を覚《さと》るまで」戦う覚悟だった。つまり明治時代の知識人たちは、アングロサクソン打倒で団結していた。だが、いまの日本人はどうだろう？　戦後教育と、ローズ&ミルナー卿流のプロパガンダによって、日本人の思想も魂も骨抜きにされてしまっている。

反帝国主義、反植民地主義の意識が強かった日本人だが、同時に帝国主義者という別の顔を持っていたことも事実だ。日本は台湾、韓国を植民地にして、中国の一部も手に入れて、満州国を作り、欧米の帝国主義・植民地主義の優等生でもあった。そう、日本には二面性があった。英米が支配する世界で生き残るには、帝国主義のルールに従う必要もあったのだ。

実は、帝国主義・植民地主義と反帝国主義・反植民地主義の二面性を持っていたのは、アメリカ合衆国も同じだった。

フランクリン・D・ルーズベルト大統領は、英国のチャーチル首相に「英国の植民地主義は認めない」と再三、明言している。[注4] 第二次世界大戦に米国が参戦する条件の一つは、大英帝国の解体であり、植民地支配を無くすことだった。

だがこれにも、二面性がある。英国の植民地から独立を果たした米国人は、植民地という存在が、いかに悲惨な立場なのかを知っている。だから植民地主義に大反対の人がたくさんいる。

1968年から2年間、私はロサンゼルスにあった若者向け写真雑誌『ペースマガジン』のスタッフライターをしていた。その時に『アメリカ大帝国』という本の書評をするという仕事を与えられた。1ヶ月かけて『アメリカ大帝国』を読み終えて書評を書き、多くの米国人と本の内容について語り合った。多くの米国人は「米国は帝国主義の国だ」と指摘されると、非常に不満だった。彼らは米国が英国の植民地主義と戦った、反帝国主義の国だと信じたかったのだ。

ルーズベルト大統領だけでなく、1941年から1945年1月20日まで、米国の副大統領を務めたヘンリー・ウォレスはさらに過激な反帝国主義者であり、反植民地主義者だった。[注5]

一方、米国の支配者層には、米国を帝国主義の超大国にしようと考える人々もいた。それが第1部で取り上げたローズ&ミルナー卿の一派だ。彼らはアングロサクソンによる世界支配を当然と考えていた。「白人には、未開な民族を文明化して、西洋並みにする使命がある。宗教的情熱を持って無私の精神で、世界の文明化・近代化を実現しなければいけない」と信じ込んでいる人々だ。

彼らはルーズベルト大統領と同じように英国から植民地を取り上げ、大英帝国を解体しようと考えていたが、それは新たに「アメリカ大帝国」を作り上げ、世界を一極支配するためだった。

「ブッシュ・ドクトリン」は帝国思想

ローズ&ミルナー卿の思想を受け継ぐ人々は、この企みに成功して、21世紀の現在も、「ブッシュ・ドクトリン」を信奉して、世界の帝国主義的支配を続けている。「ブッシュ・ドクトリン」は、世界を一極支配するという思想だが、これは明らかに帝国思想だ。

米国の著名な歴史家アーサー・シュレジンガーが指摘するように、ニクソン大統領以降の米国大統領はみな「帝国的大統領」なのだ。[注6]その傾向はソビエト連邦が崩壊してから極端になり、21世紀まで続いている。オバマもトランプもバイデンも米国の「帝国的大統領」なのだ。

トランプ大統領が日本を訪問した時に羽田空港ではなくて横田米軍基地に舞い降りた時には驚いた。無条件降伏をした終戦直後のマッカーサー時代に戻ったのかと思った。トランプ大統領は日本をアメリカ帝国の植民地扱いにしたのだが、「裸の帝国主義者」であるトランプ大統領だから「わかりやすいな」と感じた。

だがバイデン大統領も日本を小馬鹿にして横田基地や岩国米軍基地に降り立った。「紳士を装う帝国主義者」のバイデン大統領は、これ見よがしに「日本が米国の植民地である」ことを示した。驚いたのは日本政府もマスメディアもこれを当然として、怒らなかったことだ。現在の日本は、米国の「帝国的大統領」の言いなりになる植民地になったようだ。日本男児の気概はどこに消えてしまったのか?

米国が世界の独裁者になる危険性は、独立戦争の頃に米国務長官であったジョン・クインシー・アダムスが予言していた。[注7]そして現在の米国はまさに独裁者になっている。

ブッシュ大統領を取り巻く空気、戦闘的な単独行動主義、軍事的優越を求める熱意、国際法や国際機構に対する侮辱的な姿勢、正当な手続きの軽視、他の人種よりアメリカが道徳的に優位にあるという確信――これら全てがアブグレイブ（注：イラクの米国刑務所の捕虜虐待）で、終わりを告げた。アダムスの予言が的中したのである。[注8]

米国には民主的な大統領の伝統もある。リンカーン大統領、ルーズベルト大統領とヘンリー・ウォレス副大統領、そしてジョン・F・ケネディ大統領だ。ジョン・F・ケネディ大統領は1961年11月に次のように米国の傲慢さを戒めている。

アメリカは全能でも全知でもない。私たちは世界の人口のわずか6パーセントに過ぎない。自分たちの意思を残り94パーセントの人たちに押し付けることはできない。一つ一つの間違いを全て正すことはできないし、災を全て逆転さ

せることもできない。したがって、世界のあらゆる問題をアメリカ流に解決することもできはしない。［注9］

1945年1月20日まで副大統領を務めたヘンリー・ウォレスが、あと半年でも副大統領の職についていたら、日本の広島や長崎に原爆が落とされることはなかった。だがハリー・トルーマンが副大統領にされた。人種主義者で凡庸なハリー・トルーマン副大統領は、米国の影の支配者であるローズ&ミルナー卿の思想を受け継ぐ人々の操り人形だった。［注10］

欧米文明を崇拝して、帝国主義と植民地主義を学んだ「黄色い白人」日本人は、ヘンリー・ウォレス副大統領の反帝国主義・反植民地主義の思想に気がついていなかった。同時に、戦後の世界をアメリカ帝国による一極支配の世界にしたいという、英米支配者層の戦略にも気づいていなかった。

英米支配者層は第二次世界大戦を利用して、ソビエト連邦（ソ連）の弱体化にも成功した。英米はスターリンとの約束を守らず、いつまで経ってもノルマンディー作戦を遂行しなかった。ソビエト連邦がヒトラーと戦って消耗するのを待っていたのだ。

ソ連は2700万人の戦死者を犠牲にしてヒトラーを打ち破った、それを確認してから米軍はノルマンディー作戦を実行してフランスの海岸に上陸し、ヒトラーにトドメを刺した。[注11]

戦争が終わってみると、日本とドイツは破壊され、ソビエト連邦も弱体化し、ヨーロッパも戦禍による損傷がひどく、戦後世界の一極支配を狙った英米支配者層の帝国構想は見事に成功した。

ヘンリー・ウォレス的な米国の「反帝国主義」の一面は、日本の占領政策に影響を与えた。日本に駐留した連合軍が原案を作った「平和憲法」が日本に与えられた。この「平和憲法」のおかげで、日本はベトナム戦争やイラク戦争、アフガニスタン戦争などの米国の戦争に参加しないで済んだ。

完全に洗脳されている日本人

敗戦国日本は「一億総懺悔」を行い、日本の軍国主義・植民地主義を反省した。一方、アングロサクソンの植民地主義、帝国主義と戦う理念は忘れ去られた。欧米諸国は自由と人権を守る民主主義の国であるという帝国主義者たちのプロパガンダに、完全に洗脳されてしまったのだ。

そして広島と長崎への原爆投下についても、米国に感謝するよう迫られた。米軍が原爆投下をしてくれたので戦争が早く終わり、日本の人命の多くが救われたのだと思い込まされた。だが、戦争が早く終わったのは原爆のせいではなかった。ソ連軍が南下してきて日本が無条件降伏に応じるほかなくなったのだ。[注12] ソ連による日本への宣戦布告は、全ての望みを断ち切る効果があった。

トルーマン大統領が日本に原爆を落としたのは、ソ連を脅すためだった。戦後世界で米国が優位に立つためであり、下等人種であるアジア人を実験対象にしたかっただけなのだ。当時の日本人は、戦争時特有のプロパガンダの効果で、米国人に忌み嫌われていたのだ。

歴史学者のジョン・ダワーによれば、アメリカ人は日本人を害虫、ゴキブリ、ガラガラヘビ、ネズミとみなした。猿の比喩も多用された。人々は日本人が本当に人間なのかと首を捻るほどだった。『タイム』誌は「日本の一般市民は思

慮分別に欠け無知である。ひょっとすると人間かもしれないが、それを示す証拠は皆無である」とコメントしている。[注13]

これでは、日本に原爆を投下することに、何の躊躇もなかったことだろう。だがこのような人種偏見には根拠もあったという。

こうした感情の一因は、間違いなく人種差別だろう。だが、日本人に対してこれほどまでの憎しみを掻き立てる強力な要因は他にもある。アメリカが参戦する前、アメリカ人は中国、とりわけ南京で日本人がなした爆撃、レイプ、残虐行為についてすでに聞きおよんでいた。[注14]

人間の残虐性に関しては人種を問わないことは、もちろん明らかだ。太平洋戦争で日本人を虫ケラだと認識していた米国人は、日本人への残虐行為もたくさん行なっている。

人類に残虐性が備わっているのは、たぶん地球という生命体で人類が生き延びるには、残虐性と善良性の両方が必要だったからだろう。そして今も昔も、偏向したメディアによるプロパガンダに、人々はいとも簡単に洗脳されてしまうのも残虐性を育てる。

米国人が行った日本人への残虐行為の一つは、100都市への無差別爆撃だ。無差別攻撃を指揮したのはカーティス・ルメイ大将だった。

1945年3月9日から10日にかけて、ルメイは334機の爆撃機にナパーム弾、テルミット、黄燐その他の可燃物を含む焼夷弾を搭載させて東京に送り込んだ。空襲によって約40平方キロメートルに及ぶ市街地が破壊され、推定10万人の死者と多数の負傷者が出た。灼熱地獄によって水路は沸き上がり、金属は融け、人々は瞬時に炎に包まれた。ルメイは犠牲者が「黒焦げになり、煮えたぎり、焼け死んだ」と報告した。[注15]

ヘンリー・アーナルド元帥やカーティス・ルメイ大将は、「自分たちのしていることは戦争犯罪」であることを知っていた。「アメリカが戦争に負けていれば、みんな戦争犯罪人として裁かれていたはず」と、当時ルメイの部下であったロバート・マクナマラ（のちの国防長官）も、ルメイ大将も言っている。[注16]
日本は、戦後、ルメイ大将の「人類史上最も残忍で野蛮な戦争犯罪」を追及したのだろうか？　しなかった。その代わりに感謝の気持ちを込めて「勲一等旭日大綬章」を贈呈している。[注17]日本人の「お人好し」も、度が過ぎているのではないだろうか？　でも、これらは過去のことだ。

欧米崇拝は捨てるべき

問題は、日本人の欧米崇拝、つまり英米支配者層への崇拝は、今も変わっていないことだ。日本が明治維新から犯してきた間違いは、欧米崇拝であり、彼らのルールに従って、帝国主義、軍国主義、植民地主義、強奪資本主義を実践してきたことだ。

2023年を迎えた日本は、いまだに欧米のルールに従ってはいけないことに気づいていない。それは第2部のウクライナ戦争と、第3部の新型コロナ空騒ぎにおける、日本のマスメディアや政治家の行動を見ればわかる。欧米のプロパガンダに洗脳されるだけで、自らの頭で何も考えていないようだ。

日本はいまだに欧米諸国の精神的植民地であり、特に米国の国防総省（ペンタゴン）に実効支配された植民地であり、属国なのだ。日本が、欧米の帝国主義、軍国主義、植民地主義、強奪資本主義と縁を切らない限り「幸せな国・ニッポン」は実現できない。このことに、日本人はいつ気づくのだろう。

欧米諸国のいう自由や人権、民主主義は全て嘘であることに早く気が付かなくてはいけない。彼らのいう自由や人権、民主主義は、世界を一極支配する帝国主義のための詭弁に過ぎないのだ。彼らのいう自由や人権、民主主義は、白人たちのためのものであり、そこに黄色人や黒人は含まれていない。あるいはスラブ人やユダヤ人も含まれていない。さらにいうと、同じアングロサクソンであっても、貧乏人たちは含まれていない。エリートや貴族だけが享受できるのが、彼らのいう自由や人権や民主主義なのだ。貴族と平民の間には差があり、明白な二重基準があるのだ。

日本にも民主主義は実在しない。なぜなら米軍の支配下にあるからだ。日本人が選挙で投票に行く気になれないのも、米軍に支配されている日本政府に何を言っても変わらない、という無力感があるからだ。

明治維新の時から、日本は欧米に追いつき追い越せと「脱亜入欧」をしてきた。今になって考えると、欧米から学んだことは多いが、マイナスもたくさんあった。欧米の弟子として、優等生であった日本が学んだことの一つは、「力が正義」という思想であり、植民地主義や帝国主義だった。

優等生の日本は、略奪型資本主義にも精通したし、英国の傲慢なエリート主義も身につけた。さらには欧米の優生学に基づく、激しい人種差別主義も学んだ。今、日本人が心して行うべきことは欧米の良いところと悪いところを選別することだ。そして「脱欧入亜」して「和を尊ぶ日本人らしさ」を取り戻す必要がある。

欧米思想の優等生である日本の国としての使命は、英米支配者層エリートの、呆れるほど傲慢で、人種差別を基礎に置く「新帝国主義」、「新植民地主義」を終わらせることだ。つまり500年続いた地球の「白人支配」を終わらせるのが、日本の使命なのだ。

その使命を果たす第一歩として、日本は上海協力機構に参加するべきだと思う。2022年9月15日、16日にウズベキスタン共和国のサマルカンドで行われた会議には、中国、ロシア、インド、トルコ、パキスタンなどの首脳が集まった。上海協力機構に

上海協力機構

加盟国

中国、ロシア、カザフスタン、キルギス、タジキスタン、ウズベキスタン、インド、パキスタン、イラン

オブザーバー国

アフガニスタン、ベラルーシ、ラオス、モンゴル、ベトナム

対話パートナー

アゼルバイジャン、アルメニア、カンボジア、ネパール、トルコ、スリランカ、カタール、サウジアラビア、エジプト、アラブ首長国連合、ミャンマー、クエート、バーレーン、モルディブ

参加申請国

バングラディシュ、イスラエル、シリア、イラク

客員参加国

トルクメニスタン、独立国家共同体（12カ国）、東南アジア諸国連合（10カ国）

(2023年7月現在)

はイランも正式に加盟したし、シリアも加盟するだろう。インドネシアやエジプトやサウジアラビアも加盟する。

日本はG７を捨てて、上海協力機構に参加するべきなのだ。G７は世界の人口の12パーセントも代表していない。一方、上海協力機構は世界人口の50パーセント以上が、既に参加している。この組織が、将来、国連の代わりとなる可能性もある。日本が加盟を申請しても、「日本は米国ペンタゴンの属国だからという理由」で拒否される可能性もある。

一方、岸田政権が上海協力機構に参加の意志表明をしたら、米国のネオコンとその子分となっている日本の政治家と官僚やマスメディアや検察によって、田中角栄政権や鳩山由紀夫政権のように潰されるかもしれない。

それでも日本は、英米支配者層による世界支配にとどめを刺すために、不屈の闘志で、何度でも立ち上がらなければいけないのだ。それが世界の人口の87パーセントから期待されている日本の使命だ。

第11章 第二のウクライナとされる日本と台湾

今の世界は、欧米派（G7）と反欧米派（BRICS+アフリカ、中東、中南米）の2つに深く分裂している。この2つのグループの意見を比べると、見解が全く正反対だ。

- ●ロシアの海底パイプライン、ノルドストリーム1と2を破壊した犯人は誰なのか？
- ●核兵器を使うと脅しているのは誰なのか？
- ●ロシアと中国とインドは一枚岩か？
- ●ウクライナ戦争で勝っているのはロシアなのか、ウクライナなのか？
- ●民間人を攻撃しているのはロシアなのか、ウクライナなのか？

●原子力発電所を攻撃しているのは誰なのか?

まずはロシアとドイツが建設したヨーロッパ向けのパイプライン、ノルドストリーム1と2だが、欧米と日本の報道では、ロシアが破壊したのではないかと疑われている。だが論理的にはあり得ない。

海底90メートルに存在するパイプを破壊したのはノルウェーと米国政権だ。[注1] パイプが壊された海域はNATOの支配地域であり、この辺りの海底にはソビエト時代から、NATOの監視カメラが存在している。

一方、米国は過去30年間、ヨーロッパとロシアの関係が深まることを嫌ってきた。特に、躍起になってノルドストリーム2の建設に反対してきた。理由は、安いエネルギーを手に入れたドイツが、さらに強大な経済力を築くことになるからだ。もう一つの理由は、欧米の石油会社のビジネスがロシアに奪われるからだ。米国のバイデン大統領は、2022年2月7日にノルドストリーム・パイプラインを完全停止させると断言している。[注2]

米国の著名な調査ジャーナリスト、シーモア・ハーシュは2023年2月に詳細な調査レポートを発表している。それによると…

作戦計画を直接知る関係者によれば、2022年6月、米国海軍の潜水士たちは、「バルト海作戦22」として広く知られる真夏のNATO演習を隠れ蓑にして、遠隔操作で点火できる爆発物を仕掛け、3カ月後に4本のノルドストリーム・パイプラインのうち3本を破壊した。[注3]

首謀者はバイデン大統領とその外交チーム（国家安全保障補佐官ジェイク・サリバン、国務長官トニー・ブリンケン、国務次官ビクトリア・ヌーランド）だという。爆破作戦の実行担当はCIAだ。概略は巻末に掲載した。[注4]

ノルドストリーム・パイプラインを破壊して利益を得るのは米国とノルウェーだけだ。ロシアとヨーロッパの絆を断ち切ることによって、ヨーロッパ諸国は米国とノルウェーの天然ガスに頼ることになる。

これで、ヨーロッパのエネルギーという生命線を米国が握ることになった。念願であった「ドイツの弱体化」も達成できる。大国ドイツの存在は一極支配の邪魔なのだ。

ウクライナ戦争を利用して、ドイツとロシアを弱体化させれば、英米支配者層にとっては一石二鳥だ。

一方、ロシアにとって、パイプラインが破壊されて良いことは何もない。大金をかけて作ったパイプラインが破壊されて、ヨーロッパとのつながりが断ち切られ、ヨーロッパとの交渉力を失った。大事な収入源もなくなった。ロシアによると、ノルドストリームパイプの修復は可能だそうだが、数年はかかるという。

次は核攻撃の問題だ。

英国と米国は、ロシアが戦術核でウクライナを攻撃すると言っているが、これは意図的な曲解だ。ロシアのセルゲイ・ショイグ国防大臣は、ウクライナには核兵器を使わないと明言している。［注5］国境を接している隣国に核兵器を使うのは馬鹿げた考えだ。核爆弾を隣国に落とせば、自国も激しく汚染される。

一方、プーチン大統領は英国や米国が、核兵器でロシア本土を攻撃したら、ロシアも英国や米国に核で反撃すると言っている。「ロシアという国がなくなったら、生きている意味がない」からだそうだ。［注6］

ロシアは、中国やインドから見放されているという報道もあるが、これも意図的な曲解だ。上海協力機構の会議で、なにが話し合われたか。この会談結果を読むと、ロシア、インド、中国は一枚岩だ。トルコやパキスタンとロシアも、強い信頼関係にある。アフリカ諸国もＢＲＩＣＳも中東も中南米も、ロシアと中国の味方であることが確実だ。[注7]

中国はロシアを徹底的に支援すると見るのが世界の常識だ。日本もドイツも、英米支配者層に弱体化されているが、ロシアが弱体化されれば、次は中国やインドが狙われる。だから、インドや中国がロシアを見捨てることはあり得ない。したがって英国と米国は、中国やインドやロシアと共存する他ない。それ以外の方法となると、第三次世界大戦の勃発であり、核戦争の泥試合になる。

米国や英国のエリートたちの、「中国弱体化」「ロシア弱体化」にかける情熱は、狂信的だ。一極による世界支配への情熱も異常だ。何かに取り憑かれているようだ。その理由は『アングロ・アメリカン支配者層』という本に書かれている。なぜ、英国と米国の戦争推進者たちが、狂ったかのように振る舞っているかというと、それは彼らが、昔のイエズス会修道士のように、世界を支配しようと、狂信的に献身しているからだ。

「諸悪の根源」は冷酷な欧米エリート層

日本のマスメディアでは、ロシア軍が敗北していると伝えている。ロシア軍の人的被害が多く、兵器も壊されて、士気も低いと言う。

ところが、私が得ている情報源は英国の国際法の専門家で地政学の権威であるアレキサンダー・マーキュリスや、中立的な戦場報道をする「ミリタリーサマリー」や米国の軍事専門家やロシア専門家たちだが、彼らの意見では、すでにロシア軍は勝利している。ウクライナ軍はすでに崩壊している。[注8]

ウクライナ軍は人海戦術を使っており、死傷者が多く、NATOや英米から送られた兵器も、ほとんど破壊されて、兵器・兵員不足で困っている。

一方、ロシアはこれから最新兵器を続々と戦線に投入する。これらの最新兵器は、昼でも夜でも同じように使え、旧式兵器にはなかった様々な機能を持っている。ウクライナ軍兵士は勇敢で、優れた武器も持っていたが、制空権がなく、ウクライナ軍の死傷者数はロシア軍よりも圧倒的に多い。比率で言うと、ウクライナ軍が7倍から10倍多い。結論を言うと、米国のランド研究所の専門家たちが心配していたように、欧米が仕掛けたウクライナ代理戦争は裏目に出てしまった。

次に、民間人を攻撃しているのはロシアなのかウクライナなのか？

答えはウクライナ軍だ。ウクライナ軍は戦争の最初から民間人や民間施設を盾にして戦う方針をとっている。[注9] 人道的通路を通って市民が脱出するのを妨げたのはロシア軍ではなくウクライナ兵であった。[注10] ウクライナ軍はドネツク州の州都ドネツク市へのミサイル攻撃を2023年4月現在も続けている。ここにはロシア軍はおらず、犠牲者は民間人ばかりだ。

原子力発電所を攻撃しているのは誰なのか？

答えはこれもウクライナ軍だ。ロシア軍が自らの占領地にあるザポロジエ原子力発電所を攻撃する理由がない。電力の供給源であり、大事な資産だからだ。一方、ウクライナ軍はザポロジエ原子力発電所を奪回しようとさまざまな攻撃を仕掛けている。使われているミサイルも英国の精密誘導ミサイルであることがわかっている。[注11] つまり英国が主導して安全な範囲で攻撃をしているのだ。

このように、プロパガンダでは欧米とウクライナが優っているが、事実は正反対なのだ。欧米のこのようなプロパガンダを専門家は「ミラー・プロパガンダ」と呼ぶ。

全てが逆さまだからだ。

戦争に負けそうなウクライナには、どんな形であれ停戦が必要だ。これ以上戦争を続けさせるのは、人道的にも許せない。ウクライナに代理戦争をさせているのは、英米とEUの首脳だ。「諸悪の根源」は戦争を煽り、ウクライナの人々の命を「尊重しない」冷酷な欧米エリート層なのだ。このような私の意見は、実はフランスの歴史家エマニュエル・トッドと一緒だ。

人類学者でもあるエマニュエル・トッドは、「ソ連崩壊」「米国発の2008年の金融危機」「アラブの春」「トランプ勝利」「英国のEU離脱」などを予言して当てている現代世界の最高知性の一人だ。彼は次のような見解を示している。[注12]

ウクライナ戦争の責任は米国とNATOにある。

この戦争を主導しているのは米国と英国だ。

米国は世界を戦場にかえている。

ロシアがこの戦争に耐えれば、世界の経済的支配力を、英米が失うことになる。

ウクライナ戦争を扇動したのが欧米諸国であることは、世界の常識だ。これを知らない人は、欧米エリート層のプロパガンダに洗脳されている。なぜ英国と米国が世界中で戦争を起こすのかというと、それは世界の一極支配を狙っているからだ。世界を一極支配すると、「富」という見返りが多いのだ。英国と米国のエリートたちは20年前からこのような政策を行っていて、今も「帝国主義」政策をとっている。

一極支配を達成するためには、競争相手を潰す必要がある。エマニュエル・トッドがいうように、「ロシアがこの戦争に耐えれば、世界の経済的支配力を、英米が失う」ことになる。なぜなら英国と米国のエリートによる一極支配が終わり、多極的な世界になるからだ。[注13]

多極的な世界は、国際法を基礎にする話し合いの世界だ。だから、米国のドルが基軸通貨ではなくなる可能性も出てくる。軍事力を行使して、英米支配者層が「好き勝手に欧米のルールを押しつける」こともできなくなる。国連憲章に違反している欧米による経済制裁も、非欧米の国々から批判されることになる。英米支配者層とその協力者たちは、それを好まない。

これから生まれる多極的な世界は、過去500年とは違う。過去500年にも多極世界はあったが、それはヨーロッパ諸国の中での多極化だった。ヨーロッパ諸国の多極化の世界は戦争ばかり起こして最悪だった。「オール・オア・ナッシング」の思想を持つ諸国だったからだ。だが今回は異なる。今回の多極化の中には中国やインドなどのアジア諸国、中南米諸国、アフリカ諸国が含まれる。

「中国は帝国主義を拒否している」

さて、今のところウクライナ戦争はヨーロッパの出来事で、日本からは遠いところでの戦争だ。だが困ったことに、英米支配者層とネオコン過激派たちは、アジアでも「代理戦争」を起こそうと企んでいる。

米国は2022年の国家安全保障戦略で中国を「国際秩序を再構築する意図と能力を持つ唯一の競争相手」とみなしている。[注14]トランプ政権時代のポンペオ国務長官も、ペンス副大統領も激烈な「反中国」演説をしたが、バイデン政権の「中国敵視」も強烈だ。つまり米国は民主党も共和党も一致して、「中国弱体化」に取り掛かる決意だ。

米国は「戦争計画」なるものを、世界各国に対して企てている21世紀型帝国主義の恐ろしい国だ。香田洋二元自衛艦隊司令官は次のように指摘している。

米国の安全保障政策の特徴の一つに、対象国別の「戦争計画」がある。「戦争計画」は国家総力戦を戦い勝利するため、軍事に加え政治、外交、経済、社会などの国家構成主要素をことごとく取り込んだ総合的な「レインボー計画」である。［注15］

中国も米国のように恐ろしい国なのだろうか？

米国のランド研究所が発表した『世界の覇権を狙う中国』（２０２1年8月）が答えを出している。内容的には、米国と覇権を争う中国が、「どういう国で、何を狙っているか、どんな戦略を持っているか」を分析したものだ。

まず中国首脳は「中国の夢」の実現を狙っている。［注16］中国の夢というのは、２０３５年までに開発途上国である中国を復興して、国民の生活水準を高くして、世界から尊敬される国にすることだ。この夢に問題はない。

中国の国際戦略はアジア地域の覇者になることで、世界の覇者になることではない。多極世界を望んでいる。欧米とは大違いだ。そこで中国は、海外での軍事的プレゼンスを控えめにする。[注17]つまり、米国のように世界各地に800もの軍事基地を置くようなことはしない。さらに「中国は帝国主義を拒否している」。[注18]つまり欧米の帝国主義・植民地主義に痛い目に遭わされてきたから、それと同じことはしないと自戒をしている。

米中競争の勝敗を決する最も重要な要因は、基本的に国内にある。中国は専制的政治体制、経済的不均衡、腐敗、人口減少などの問題を持つ。一方、米国は国内の思想分裂、民主主義の危機、富の格差の拡大などの問題を抱えている。

最後に台湾問題だが、台湾と中国の統一は中国共産党にとって「中国の夢」の一部だ。[注19]米国はというと、大金を注ぎ込んで台湾分離主義者を支援している。これは台湾の人々のためではなく、「中国弱体化」のための戦略に過ぎない。

中国は米国のように恐ろしい国ではない。中国陸軍・海軍・空軍は、海外に出て戦う能力が低いのだ。[注20]つまり中国軍は守り主体の軍隊なのだ。日本の国是は「極東に平和をもたらす」ことだ。したがって中国を敵にするのは大間違いだ。

２０２２年8月26日の日本経済新聞に「覇道の米中、王道で橋渡しを」という記事が掲載された。この記事は、日本のジャーナリズムにも「欧米に洗脳されていない人」が残っていることを示している。

今こそ先人たちの労苦に思いを馳（は）せたい。ニクソン米大統領の電撃訪中から7ヶ月後の1972年9月に田中角栄首相は大平正芳外相らを連れ訪中した。北京へ向かう機中で角栄は官房長官の二階堂進に「死ぬ覚悟で来ている」とつぶやく。日中双方の胆力で、日中共同声明が調印された。78年には日中平和友好条約が締結され、以来財界の努力もあり、政治・外交面でこじれても経済面では日中は切っても切り離せない隣人となった。

この日本と中国の国交正常化は、当時のニクソン政権にとっては、予想外の展開で、「苦々しく思った」ことは間違いない。英米支配者層は「日本を真の独立国にしたくない」からだ。

ドイツにしろ、日本にしろ、ロシア、中国であっても、大英米帝国に立ち向かえる経済大国、軍事大国の台頭を許さないというのが、英米支配者層の基本理念なのだ。田中角栄が「死ぬ覚悟で来ている」と、つぶやいたのは、英米支配者層の意思に逆らっていることを自覚していたからだ。

「覇道」とは、力によって世界を支配する方法だ。現代の英米帝国主義はまさにその典型だ。一方、「王道」というのは、儒教の理想の政治思想で、「徳」によって世界を治めるという考えだ。

現代まで「覇道」の帝国主義の時代が続いているのは事実だ。世界を支配する英米支配者層が「覇道」を信奉しているので、ロシアやインドや中国などの大国も、「覇道」にならざるを得ない。だが日本は「王道」を歩み、武力ではなく、徳によって世界に貢献しなければいけない。具体的にいうと、米中の間に立って、外交でアジアに「和」をもたらすべきなのだ。

「反中国」のプロパガンダに洗脳される日本

英米支配者層の人々は、「ブッシュ・ドクトリン」を掲げ、いまだに英米帝国主義の、「力による世界支配」を目指している。日本はウクライナ戦争においても、英米支配者層のプロパガンダに、徹底的に洗脳されている。さらに困ったことに日本人は、「反中国」のプロパガンダにも、すっかり洗脳されている。

米国のランド研究所が、「米国と中国との戦争シナリオ」というテーマで研究書を出している。[注21] この論文の結論は、米中は「中国周辺の第一列島線」で戦うしかない、ということだ。つまり戦場にするのは、日本本土、沖縄、台湾、フィリピンだということになる。

米国のネオコン政権は中国をできる限り刺激して、紛争を起こしたいと思っている。中国を怒らせて戦闘が始まれば、「英米支配者層の思う壺」になる。これが意味するのは日本や台湾のウクライナ化だ。

沖縄の米軍基地に攻撃があれば、日本はこれを「日本に対する攻撃」だと見做さざるを得ない。戦争が首尾よく始まれば、その後は中国と日本に全面戦争をさせて、米国は遠くから日本を支援することになる。

つまり現在のウクライナの状態と同じで、日本は戦場となり崩壊する。多分、原発の多い日本列島は人が住めない土地になり、日本国民はユダヤ民族のように放浪の民となるだろう。一方、遠くに存在する英米帝国は、現在のウクライナ戦争と同様に、兵器や戦争顧問を派遣するだけで、「高みの見物」をすることになる。

これが英米支配者層の期待していることだ。現在の日本の政権は、英米支配者層に操られる傀儡政権なのだ。米国に忖度するのをやめて、日本は極東に「和」をもたらす、「平和国家」の道を歩むべきだ。

今の日本では、自衛隊と米軍の一体化が進んでいる。敵基地攻撃能力でも協力関係にある。日本もいよいよ軍国主義への道を歩み始めている。敵基地攻撃能力を持ってもそれが、戦争の抑止力になるとはとても思えない。日本人には米国に媚を売る習性ができてしまったようだ。

東京新聞の田原牧論説委員は以下のように指摘する。


米国からの要請があっても日本は主権国家である。政権が米国追随を絶対視

し、緊張を軍拡の好機とする従来型の思考に陥っているとすれば、それこそが本質的な危機である。[注22]

田原牧論説委員は「世界の番長である米国への忖度が政府の外交の鉄則」であってはならないと主張している。

日本が「世界の番長である米国への忖度」をしていると、日本は「平和を追求する国家」であることをやめて、戦前のような「帝国主義国家」への道を進むことになる。

中国と台湾は戦わない

敵基地攻撃能力を持つ理由は、中国が台湾を攻めた時の戦争に備えるためだそうだ。だが中国は台湾に侵略するだろうか？　台湾が「独立する」と言わない限り、中国が台湾を侵略するわけがないというのが常識だ。中国にとって、何のメリットもないからだ。

一方、台湾が中国から独立しようとしたら、中国は当然、武力行使をするだろう。

中国の法律でそのように定められているのだ。2005年3月14日に胡錦濤《こきんとう》が制定した「反国家分裂法第2条」には次のように明記されている。

世界に中国は一つしかない。中国大陸と台湾は、共に一つの中国に属している。中国の主権と領土保全は、いかなる分割も許さない。中国の主権と領土の一体性を守ることは、台湾同胞を含むすべての中国人の共通の義務である。

一方、「第5条」には次のように書かれている。

平和的手段で祖国を統一することは、台湾海峡両岸の同胞の基本的利益に最も叶うものである。国家は、最大限の誠意を持って平和的統一の実現に全力を尽くさなければならない。……国が平和的に統一された後、台湾は大陸とは異なる制度を実践し、高度な自治を享受することができる。

これを読むと、台湾が「独立する」と宣言しない限り、平和が保たれる可能性が高い。では台湾の人々は中国と戦争をしてでも独立したいのだろうか？　答えはノーだ。そのことは2022年10月の中間選挙で、台湾独立派の現政党が圧倒的に負けたことでもわかる。台湾の人々は、戦争よりも平和を望んでいる。台湾の政治学研究所のネイサン・F・バトー副研究員は次のようにいう。

圧倒的多数の台湾人が、北京に統治されることにほとんど関心を持っていない。正式な独立宣言を表明したいと考えているわけでもない。台湾はすでに完全な主権国家であり、中途半端な状態で存在する自治の島ではない。既成事実をあえて正式に宣言して、波風を立てる必要はない。非現実的な挑戦を挑むよりも、理想と現実の差は微々たるものである以上、争う価値はないと考えている。[注23]

つまり台湾人は中国と戦争する気は全くない。現状維持を望んでいる。米国が画策している「台湾有事」は、台湾の人々にとっても全く迷惑な話なのだ。

日本の国民も戦争よりも平和を望んでいる。では、誰が戦争を望んでいるのかというと、それは米国を支配する英米支配者層だ。その中でもウクライナ戦争を遂行しているネオコン過激派のグループだ。

一方、米国の庶民は、中国との戦争など望んでいない。戦争に嫌気がさしているのが米国の若者だ。このように米国も台湾も中国も日本でも、庶民は戦争を望まない。諸国民が戦争を望まないのに、ネオコンのプロパガンダで戦争に追いやられるという現状は、民意が無視される状態だ。

英米支配者層は、中国の台頭を恐れて、早めに叩きたいと思っている。中国に世界が支配されると欧米諸国は怖がっているが、全てプロパガンダに過ぎない。フランスの歴史学者エマニュエル・トッドは、「中国に関して言えば、出生率の異常な低さからして、世界にとって脅威になることはあり得ません」と見通している。[注24]

中国が「怖い」というのは欧米のプロパガンダに過ぎない。中国も日本と同じで、経済中心主義で平和を望んでいる。ただ、欧米諸国の植民地主義と帝国主義を恐れて、軍備を整えているのに過ぎない。つまり、軍事的に怖いのは中国ではなく、ネオコン過激派に支配されている欧米諸国なのだ。

2023年1月に日本駐在の海兵隊司令官ジェームズ・ビアマン中将が、興味深い証言をしている。それによると、米国は、ウクライナがロシアに抵抗するのに成功しているので、それに倣って日本や台湾、フィリピンを戦場とする戦争準備を強化しているそうだ。つまり、日本や台湾やフィリピンを舞台にして、中国と戦争をする考えだ。[注25]

第12章ではウクライナ戦争が世界をどのように変えたのか。米英のロシア経済制裁の影響や米ドルの世界支配がどのように終焉するのかを見ていこう。

第12章 経済制裁の失敗と米ドルの終焉

欧米エリート層は、意図的にウクライナ戦争を煽り、「ロシア弱体化」を実現するためロシアへの過激な経済制裁を行った。だが、それは裏目に出ている。多くの経済学者が「自らのピストルで自分の足を撃つ行為だ」と指摘したが、ハンガリーの首相は「自らの肺を撃ち抜き、欧州経済は息も絶え絶えになるだろう」と述べた。[注1] 米国のイエレン財務長官も「中国が参加しない経済制裁は効かない」という見通しを述べていた。

米国の経済学者マイケル・ハドソンやカナダの経済学者ラディカ・デサイも「欧米は自らを破滅させようとしている」と述べている。[注2] ロシアの著名な経済学者で政治家のセルゲイ・グラツィエフは、欧米によるロシアの経済制裁を「素晴らしいチャンスだ」と考えている。[注3]

それではロシア経済制裁の失敗は、世界をどのように変えただろうか？

日本のロシア評論家の多くはロシア経済がすぐに破綻して、ウクライナ戦争が早く終わるとみていた。欧米の行った経済制裁は大変に厳しいものだったからだろう。銀行間の送金にかかせないＳＷＩＦＴというシステムが使えなくなるというので、誰もがロシア経済が潰れるとみていた。ロシアがヨーロッパに石油も天然ガスも輸出できないとなると、ロシア経済が沈没すると見るのが当然だった。

ところが現実は、全く異なる結果となった。

まず、世界が2つのグループに分裂してしまった。ロシアへの経済制裁に参加したのはヨーロッパ諸国と日本や韓国など40カ国だ。一方、参加しなかったのは国連加盟国のほとんどで、中国やインドをはじめとして１５０カ国以上になる。ユーラシア大陸とグローバルサウスの大部分の国々が不参加で、世界人口の割合から見ると87パーセントを占める。

欧米による経済制裁は、ロシアにとっては天災であったが、予期せぬ天の恵みになった面もある。被害を受けたのは航空機産業や自動車産業だった。部品の多くをヨーロッパから輸入していたからだ。天の恵みとなったのは農業で、バルト海沿岸の乳製品の輸入ができなくなり、ロシア国内のチーズ・乳製品分野が開花した。さらにロシアは今や世界最大の穀物輸出国となった。

中国やインドやマレーシアが経済制裁に加わっていないので、半導体も最先端はともかく高度のものが入手できている。石油や天然ガスをルーブルで支払うことを求め、ルーブルの価値を下げないことにも成功した。SWIFTの代わりには中国製のCIPSという国際金融の決済システムを活用した。この新システムは欧米の金融支配を恐れる国々の間で急速に使用が拡大されている。

ロシアの石油はインドと中国とトルコが大喜びで安く輸入している。今のロシアはヨーロッパに石油を輸出する必要がなくなっている。一方、ヨーロッパ諸国はインドやトルコで精製されたロシア産の石油を高い値段で購入する羽目に陥っている。天然ガスも同じで、中国やインドなどアジア諸国にいくらでも売れるので、ヨーロッパに売る必要性がなくなった。

一方、ロシアの天然ガスを輸入できなくなったヨーロッパ諸国は、液化天然ガス（LNG）を米国やノルウェーに依存することになった。米国からのLNGのコストは高く、これまでの約6倍の価格となる。ドイツやヨーロッパ諸国はノルドストリーム1、2の破壊によって経済的に大打撃を受けている。

ヨーロッパが経済繁栄できたのは、ロシアから安く石油や天然ガスを輸入できたことが大きな理由だった。それを失ったヨーロッパは、製鉄、ガラス製造、アルミニウム、その他多くの分野で競争力を失った。米国の経済学者マイケル・ハドソンは「ヨーロッパはすでに自滅している」という。

「ヨーロッパ諸国は、ホテルや接客業が主な成長分野となり、ヨーロッパそのものがポスト工業化社会の博物館になり、美術館は大繁盛するだろう。ユーラシア諸国の人々は観光客としてヨーロッパを訪れ、封建時代の貴族や宮殿の衛兵など、騎士やドラゴンの時代の古風な思い出を楽しむことになる」とみている。[注4]

一方、ロシアの安いエネルギーを供給されるユーラシアの国々は、これから繁栄することになる。ユーラシア大陸は欧州や北米に経済的に依存する必要がなくなることになる。

米国はすでに唯一の超大国ではない

中国とロシアが強く団結している世界では、米国はすでに唯一の超大国でけない。人口でも天然資源でも、工業生産力でも宇宙開発力でも、軍事力でも核戦力でも、すでに米国は二番手の国だ。

超大国・米国は過去の話になりつつある。それがウクライナ戦争を引き起こした英米支配者層のネオコン過激派の失策であり、経済制裁の成果だった。長期的にみても中国やインドやブラジルなどの大国が経済制裁に加わらない限り、ロシア経済は安泰だ。

欧米によるロシアへの経済制裁は中国やインドなどの欧米に対する警戒心を深めた。そこで世界中の中央銀行が無国籍通貨と呼ばれる「金」の購入を急いでいる。ドルを持っていると、いつ欧米に資産凍結されるかわからないからだ。

中国もロシアに倣って、ドル離れを始めている。この傾向はＢＲＩＣＳ諸国だけでなく、中東、南米やアフリカなどのグローバルサウスの国々に広まっている。

フィナンシャル・タイムズ紙のコラムニスト、ラナ・フォルファー女史は、「ペトロ人民元」による「新秩序」に注目している。

2022年12月の湾岸協力会議（GCC）は「ペトロ人民元の誕生」を告げる場となった。中国はBRICS（ブラジル、ロシア、インド、中国、南アフリカ）を含む多くの国々の脱ドル化を進めるため「世界のエネルギー市場のルールを書き換えようとしている」。背景には、ロシアによるウクライナ侵攻への制裁にドル建ての外貨準備が「武器」として使われたことがある。[注5]

ルールを書き換えるという意味は、人民元で取引される石油を増やすことだ。ロシアも石油や天然ガスの購入にルーブルを使うことを条件にしている。つまり「ペトロルーブル」だ。ロシアに呼応して中国も米国の「ペトロダラー」による世界支配を制止するため「ペトロ人民元を誕生」させている。

海外投資家による米国債購入はすでに細りつつあるが、ペトロ人民元が軌道に乗れば、ドル離れが加速するだろう。[注6] ロシアと中国が行っていることは「米ドルの世界支配」への挑戦だが、米ドルの世界支配の歴史については巻末に掲載しておく。[注7]以下は最新の事情だ。

●米ドルに対するロシアの挑戦が、2022年に始まった。

●ウクライナ紛争が始まった翌月、米国と欧州の同盟国は、ロシア中央銀行の6400億ドルの外貨準備の半分近くを凍結し、ロシアの大手銀行を国際決済システムSWIFTから追放し、ロシアの先端技術へのアクセスを制限する輸出規制を行い、ロシアに大きな影響を与えた。その結果、ルーブルの価値は、国際市場で急落した。

●3月23日、プーチンはロシアの天然ガスを「非友好国」に販売する際、ロシア・ルーブルでのみ販売することを発表した。

●ロシアの経済規模は米国やEUに比べるとはるかに小さい。だが、石油、天然ガス、穀物だけでなく、木材、肥料、ニッケル、チタン、パラジウム、石炭、窒素、希土類金属（コンピューターチップや電気自動車、航空機の製造に使われる）の供給国である。

●2022年3月30日には、ルーブルはすでに1ヶ月前の水準まで回復していた。

このような経緯で、今の世界では「ペトロルーブル＋ペトロ人民元」と「ペトロダラー」の戦争が始まっている。ウクライナ戦争でNATOが負けると、「ペトロルーブル＋ペトロ人民元」のグループが、通貨戦争でも勝つことになる。それで英米支配者層は、核戦争を行ってでも、ウクライナ戦争に勝つ考えなのだ。

「R5＋」という国際基軸通貨

英米支配者層にとっては「ペトロルーブル＋ペトロ人民元」よりもさらに怖いものがある。それは「金」を担保にした新しい金融システムだ。もうすでに「R5＋」という国際的な基軸通貨の構想が動き出している。「R5＋」というのは、BRICS5カ国の通貨が全て「R」の頭文字で始まることから来ている。「＋」は5カ国の通貨に、さらにサウジアラビアやシンガポールやイランなどの通貨を加えることを意味する。［注8］

ロシアの経済学者でプーチンと大統領選を争ったこともある政治家セルゲイ・グラ

ツィエフは、ユーラシア大陸で使える基軸通貨を創ろうとしている。セルゲイ・グラツィエフが語る「このような出来事は100年に一度しか起こらない」という興味深いインタビューがあるので、骨子を掲載する。[注9]

●今、「米国一極」の時代は終わりつつあり、ロシアや中国やアジア地域がその役割を担っていく。
●新しい世界の経済モデルは、「国家が指揮官として働き、国民を豊かにする」という考えに基づく。
●国家という指揮官がいる経済の最も印象的な例は中国だ。現在、中国は生産高、ハイテク製品の輸出高、成長率のいずれにおいても、米国を凌駕している。
●私たちが「指揮官型」と呼ぶ新しい経済モデルのもう一つの例はインドだ。政治体制は異なるが、私的利益よりも公的利益が優先され、国家は貧困と戦うために成長を最大化しようとしている。つまり新しい経済モデルは、思想的には社会主義的だ。
●すでに世界経済の中心がアジアに移っている。英米の支配者層はこれを好まない。彼らは、かつての大英帝国のように、世界支配を維持しようとしている。

●対中貿易戦争と並行して、米国は対ロシア戦争の準備を進めていた。

●アングロサクソンの地政学では、英米支配者層と金融エリートが世界支配を確立するための主要な障害を、ロシアと考えている。

●そこで、ウクライナを前哨基地として、ロシアを弱体化させ、長期的には主権国家ロシアを破壊することにしたのだ。

●アングロサクソンは、ロシアと中国の同盟は手強いので、まずロシアを破壊し、次に中国を弱体化させようとしている。

●米国がベネズエラの外貨準備を接収して反対派に渡し、次にアフガニスタン、イラン、ロシアの外貨準備を接収したため、ドルが世界通貨ではなくなった。ヨーロッパ人も同じ愚行を犯している。したがって、古い通貨と古い金融システムは、その最後の日々を過ごしている。

●誰も必要としない米ドルがアジア諸国から米国に送り返された後、ドルとユーロに基づく世界通貨金融システムが崩壊する。

●現在、新しい世界決済通貨を導入するプロジェクトを進めている。ブロックチェーンを使ったデジタル技術に基づく新しい決済システムが世界中で展開されることになり、欧米の銀行はその重要性を失っていく。

● 一部の欧米国家と国際金融資本が、通貨の発行権や軍事力の行使権などを独占することはなくなる。

これが世界の向かっている方向だ。英米支配者層が支配する帝国主義的な世界が後退し、人々の豊さを第一に考える非欧米諸国の主導する世界が台頭してきている。米ドルの垂れ流しを行い、利子を払う力もない米国の金融資本主義も崩壊する。米ドルやユーロやポンドや円を、外貨準備として蓄える国もなくなる。これからはBRICSを中心とするユーラシアのG7が世界をリードしていく。欧米のG7は力を失うと考えていた方が良い。

英米支配者層のプロパガンダである「西洋は自由民主主義を尊ぶ国だ」ということを、信じる人々も、諸国もなくなる。日本の人々はこのような新しい世界の潮流を、見抜くことができるだろうか？

第13章 「庶民の世紀」の到来

これまで英米支配者層が「諸悪の根源」になっていることを見てきた。彼らに地球の運営を委ねていると、どのような状態になるかは、アメリカ合衆国の現状を見るとよくわかる。なぜなら米国の現状が世界の未来図だからだ。

米国は富の格差がひどい。国民の半分は毎月の帳尻を合わせるのに苦労している。世界恐慌を起こすのはいつも米国だ。国民皆保険が存在しない。異常な肥満者が多い。犯罪が多い。それも銃を使った犯罪が多い。国内に融和がない。白人至上主義者が多く、人種差別大国だ。差別されているのは黒人やアメリカ先住民だけではない。日系アメリカ人、中国系アメリカ人、フィリピン系アメリカ人、メキシコ系アメリカ人も一緒だ。

国連憲章に違反してイラン、シリア、アフガニスタン、ベネズエラ、キューバなどに経済制裁を行っている。ウクライナやシリアなど、世界各地で代理戦争を起こしている。建国してからの239年間で、戦争をしていなかったのは17年間だけだ。[注1]

民主主義も法の支配も人権も、対象にされているのは財産を持つ白人だけだ。その権利を黒人に与えることを、今でもできていない。米国の国内分裂の原点は、人種差別や富の格差にある。こんなアメリカ合衆国を支配している英米支配者層に、世界の運営を委ねては、地球全体が貧困と差別と銃による支配の危険で嫌な世界となる。

日本人は欧米崇拝をやめなくてはいけない。明治時代の先祖たちが欧米と戦ったように、これからの世代も英米支配者層と戦わなくてはいけない。第二次世界大戦の時に英米支配者層と戦ったのは日本人だけだった。だが今は、ユーラシア大陸に中国やインドやロシアという大国が生まれ、彼らは英米支配者層と戦っている。日本はこの新興勢力と一緒に英米支配者層と戦わなくてはいけないのだ。

ヘンリー・ウォレスの夢見た世界

これからの世界を支配すべき理念は、帝国主義でも欧米主義でもなく、米国の副大統領だったヘンリー・ウォレスの夢見た世界だ。第二次世界大戦が終わる前の1942年5月に、ヘンリー・ウォレスは帝国主義を否定して、21世紀を「庶民の世紀」にするべきだと演説している。その演説の後半部分を掲載しておこう。[注2]

平和というのは「庶民の生活レベルが向上する」ことを意味する。それが米国や英国だけで起こってはいけない。インド、ロシア、中国、ラテンアメリカ、さらにはドイツ、イタリア、日本でも起こらなければならない。

これからの時代を「アメリカの世紀」だという人がいる。だが、私はこの戦争が終わった後に来る時代は「庶民の世紀」でなければならないと思う。

どこの国も他の国を搾取する権利などない。開発途上国の工業化の支援は良いが、軍事的・経済的な帝国主義などはあってはならない。米国の貪欲を満たすための国際カルテルも、ナチスドイツのような支配欲も無くさなければならない。特別に優遇される人々がいてはいけない。支配的な人種などはない。ナチスドイツも米国も一緒だ。

ヘンリー・ウォレスは異端で「ドンキホーテ」のようだとされ、英米支配者層からは敵と見なされていた。それもそうだろう、植民地主義、帝国主義を徹底的に批判していたからだ。ヘンリー・ウォレスの思想について立命館大学の安藤教授は次のように書いている。[注3]

彼の政治哲学は「人は生まれながらに自由で平等だ」とする独立宣言と同様のものであり、人々がウォレスを危険人物と見た理由は、彼が「その原理を白人中産階級だけでなくて、人類すべてに適用しようとした」からだった。

ヘンリー・ウォレスがルーズベルト大統領の後継となり、大統領になっていれば、第二次世界大戦後の世界は全く別なものになっていた可能性がある。終戦後にソビエト連邦と欧米諸国間の冷戦が起こらなかった可能性が高いのだ。以下はヘンリー・ウォレス語録だ。[注4]

●平和を確保する唯一の道は力の優位だと言う者がいるが、原爆の時代にそれはありえない。

●アメリカ国民は平和を欲している。しかし独占資本と軍部の指示に追従している民主・共和の両党は、平和の名で戦争の準備をしている。

●中国共産党員は、まず中国人であり、次に共産主義者である。

●国連憲章こそわれわれの指針である。民主・共和の両党は、国際連合を拒否している。

●真の世界危機とは、数百万の人々が、家がなく、空腹で、病に冒され、永年の戦いに疲弊していることだ。

●民主的な資本主義とは、「不況と戦争なしに庶民を豊かにするもの」だ。

これらの言葉は、2023年の今でも通用する。私たちはヘンリー・ウォレスのいう「庶民の世紀」を作るべきだ。

「庶民の世紀」にするには何が必要か

21世紀と22世紀を「庶民の世紀」にするには何が必要だろう。

最初に思い浮かぶのは、国境を越えて人の移動が自由にできることだ。この3年間、コロナ空騒ぎの影響で、人々の海外旅行が制限された。庶民が外国に行けなくなると「庶民の世紀」を作るのが難しくなる。なぜなら旅行をすると、それが観光旅行であれ、ビジネス目的であれ、現地の人々と接触して、人間とは基本的に善意の人々ばかりなのだ、ということが確認できるからだ。

庶民と庶民の交流がないと「疑心悪鬼」の世界になりやすく、それを英米支配者層に利用されやすくなる。反日教育を続けている中国でも、中国の方々が日本に旅行に来るようになって対日感情が随分と改善されている。

私が初めて韓国に旅行したのは日韓の国交が回復された半年後だった。当時まだ大学生だった私は、韓国の大学生たちに連れられて3週間の韓国一周の旅をした。あるときソウルの公園で散歩していたら韓国の子どもたちにとり囲まれた。「本当に日本人？　頭にツノが生えていないじゃないか！」と子どもたちは驚いていた。

米国人は日本人を「害虫、ゴキブリ、ネズミ」だと思っていたし、日本人は欧米人を「鬼畜米英」だと思っていた。全てはプロパガンダによる洗脳なのだ。このような洗脳を解くには、現地に行って「庶民」と直に接触するのがベストだろう。

「庶民の世紀」を作るにあたっては「民主主義」の定義も変える必要がある。バイデン大統領は、「同じ価値観を持つ自由民主主義の諸国で団結して、強権主義の諸国と対決しよう」というが、何をもって「自由民主主義」というのかが問題だ。

米国は建国以来239年間で戦争をしていなかったのは17年間だけだという。そういう国家が民主主義国家なのだろうか？　軍国主義が民主主義なのか？　民主主義国家というのは「民意」が反映されて「庶民の生活レベルが向上する」国家だろう。

そうなると民主主義のレベルを測るには、各国の「庶民の生活レベル」が「どれほど向上しているか」を見れば良いことになる。そういう基準で見ると、ホームレスの多い、富の格差の広がっている米国や日本は「民主主義」の失格国家だ。

過去20年間でロシアの生活環境を見事に改善したプーチン大統領率いるロシアは、民意を大切にする民主的な国だということになる。30年間で貧困層を7億人も減少させた中国も、明らかに米国よりも「民主的」な国だと言えるだろう。

「庶民の世紀」を作っていくには、過去500年間の欧米による世界破壊の歴史を記録する必要がある。南米や北米やオーストラリアに「アングロサクソン侵略歴史博物館」を建てて、この500年間にアングロサクソンが行ってきた非道について学べる場所が必要だ。もちろん日本の帝国主義博物館も日本に設置する必要がある。

「庶民の世紀」を日本で実現するには、以下の6つを早急に実行する必要がある。

❶ロシアとの平和友好条約の締結
❷日米安保条約の解消
❸上海協力機構への参加
❹核戦争の阻止
❺欧米崇拝の放棄
❻台湾有事の阻止

まずロシアとの平和条約の締結だが、戦後78年経っても平和友好条約が結ばれていないのは異常だ。その原因は日本がいつまでも英米支配者層の植民地になっているためだ。世界最大の領土を持つ資源豊富なロシアと、技術力のある日本とは相性が良いと思う。ロシアの庶民が心温かい人々であることは、ロシア文学に接したことのある人なら誰でもわかるだろう。

次に日米安全保障条約の解消だが、これは別に米国を敵にするということではない。1991年にソビエト連邦との冷戦が終わった時から、日米安全保障条約はすでに不要になっているのだ。

現在の米国の大統領バイデンや外交チームは典型的な帝国主義者たちなので、日米安全保障条約の解消に反対するだろう。できたらリンカーンや、ジョン・F・ケネディやヘンリー・ウォレスのような謙虚な政治家が大統領である時に解消するのがベストだが、待っている時間はない。早急に解消した方が良いので、今から安全保障条約解消に向けて準備を始めるべきだろう。

2023年4月14日にロバート・F・ケネディ・ジュニアが民主党候補として、米国の大統領選挙に出馬することが決まった。[注5] 彼は現在の邪悪なネオコン過激派や英米支配者層とは一線を画している。久しぶりにヘンリー・ウォレスのいう「庶民の世紀」を作れる候補が米国の政治舞台に登場した。日本にとっては「真の独立」を達成する一つのチャンスが訪れたと言って良いだろう。

ロバート・F・ケネディ・ジュニアは立候補演説で「米国を再び模範的な民主主義国家にするために、800の海外基地を閉鎖し、米軍を直ちに帰還させる」と約束している。[注6] 日本はロバート・F・ケネディ・ジュニアが大統領になる時に備えるべきだ。

戦争はアコギな商売だ

スメドリー・バトラーという米国の海兵隊の将軍がいうように「戦争はアコギな商売」だから、日本は戦争をしてはいけない。バトラー将軍は17歳で海兵隊に入り、フィリピンを植民地化する戦争で戦い、義和団の乱では北京に行き、その後は中南米諸国に派遣されて、反乱軍を鎮圧した。その経験からバトラーは『戦争はアコギな商売だ』という本を書いている。バトラー将軍は次のようにいう。[注7]

戦争はアコギな商売だ。常にアコギな商売だった。戦争は少数の人々のため

に行われるが、犠牲者は多い。戦争によって、ごく少数の人々が莫大な利益を得る。戦争の費用を払うのは庶民だ。一番大きな犠牲者は兵隊だ。多くの若者のメンタルが破壊される。

若者は兵隊にならないのは恥だと洗脳される。戦争は戦争を終わらせるために行うと説得される。戦争は民主主義を守るためだと説得される。だが、戦争の後にわかるのは民主主義が衰退することだ。

「アコギな商売」を終わらせるには3つのことが必要だ。

❶戦争による金儲けをやめさせる。
❷戦争するべきかどうかは、戦争に行く若者たちに決めさせる。
❸軍隊は自国を守るためだけに使う。

戦争をする理由は「マネー」だ。戦争なんてやめてしまえ！

次に日本がしなければならないのは、上海協力機構への参加申請だ。上海協力機構はユーラシア大陸の国際連合のような存在で、すでに世界の人口の半分以上が参加している。現在の正式加盟国は中国、インド、ロシア、パキスタンなど8カ国に過ぎないが、将来的にはアジア・アフリカ諸国、中南米諸国など、非欧米諸国のほとんどの国が参加すると思われる。今後の世界は上海協力機構が主導することになるのだ。

次に「核戦争の阻止」だが、現在のウクライナ戦争は核戦争へとエスカレートする可能性が高い。欧米諸国にとっては世界支配を維持できるかどうかの瀬戸際だからだ。NATOがロシアと本格的に戦闘を始めたら、米国が参戦することになる。世界を支配している英米支配者層とネオコンたちは、ロシア・中国の弱体化のために、核戦争も辞さないかもしれない。

そういう事態になったら、日本はリーダーシップを発揮しなければいけない。唯一の原

けない。

爆被災国として、日本は、戦争のエスカレーションを止めるべきだ。日本はあらゆる経済制裁もやめて、中立の立場から、欧米とロシアの戦争の調停役を務めなくてはいけない。

次に「欧米崇拝」の放棄だが、これも日本にとって大事なことだ。明治以来、日本は欧米に追いつけ、追い越せで、欧米化を図った。優れた生徒であった日本は、すぐに欧米の帝国主義、植民地主義、強奪資本主義、富国強兵を習得して、帝国主義国家の仲間になった。これには良い面と悪い面があった。

確かに植民地にされることは一時的に免れたが、帝国主義同士の戦いとなり、日本は敗れて310万人の戦死者をだし、1000万人以上の人々が、日本軍の犠牲となっている。

日本は欧米の真似をやめて、日本独自の文明を大事にする時代に入っている。そのチャンスが訪れているのだ。欧米諸国の帝国主義と戦う勢力は上海協力機構のメンバー諸国だ。

1940年代に日本は単独で恐ろしい欧米諸国と戦わなければならなかった。だが2023年の今、日本の仲間は多い。それもロシア、中国、インド、トルコ、イランなどと頼もしい国が多い。日本は「黄色い白人」をやめて、新たな世界秩序を作るため、ユーラシア諸国と協力しなければならない。そう、日本人の意識改革が必要なのだ。

最後に中国とどう対応していくかだ。

「庶民の世紀」を作るためには隣国中国と仲良くしなければならない。どうしたら良いのだろうか？　日本と中国の世論調査を見てみると、お互いに「良い感情を持っている」とは言えない。

日本と中国の「民意」

言論ＮＰＯという団体が、17年前から中国と日本の世論調査を行なっている。実はこの世論調査を見て解決策があるのを知って、安心した。解決策は両国の「民意に従うこと」にある。言論ＮＰＯが２０２１年に行った「第17回日中共同世論調査」の結果を見てみよう。[注8] 以下はそのごく一部で、調査自体は詳細に渡るので言論ＮＰＯのＷＥＢサイトを見てほしい。

●日本人で、中国に「良くない」印象を持つ人は、90・9％。中国に「良い」印象を持つ人は9％。

●日本に対して「良くない」印象を持つ中国人は66・1％。日本に「良い」印象を持つ中国人は45・2％。

●日本人が中国に「良くない」印象を持つ最も大きな理由は、「尖閣諸島周辺の侵犯」が58・7％。「中国が南シナ海などでとっている行動」（49・2％）「国際的なルールと異なる行動」（49・1％）。

●中国人が日本に「良くない」印象を持つ理由は、「侵略した歴史をきちんと謝罪し反省していないから」の77・5％。

●日中関係の発展を妨げるものとして「領土をめぐる対立」を挙げる人が日中両国で突出している。日本人では「両政府の間に政治的信頼関係がないこと」の39・6％と「民間に信頼関係ができていない」の33％がそれに続いており、合計すると7割を超える。

●中国人でも領土問題が最も多いが、「政府間に信頼関係ができていない」が

29・3％で、昨年から10・4％も増加している。

●世界経済の安定した発展と東アジアの平和を実現するために、日中両国はより強い新たな協力関係を構築すべきだと考えている中国人は、70・6％。日本人は42・8％。

●中国人で日本を「資本主義」「軍国主義」と認識している人がそれぞれ3割以上いる。日本を「民主主義」の国と考える人は6・9％と1割に満たない。

●民間交流が日中関係の発展や改善にとって「重要である」と考える人は、日本人50・9％。中国人70％。

●東アジアが目指すべき価値観として、日本人の53・8％が「平和」、33・1％が「協力発展」を重要であると考えている。中国人でも「協力発展」が55・8％、「平和」が54・6％となり、この2つの価値を重視する点で日中両国民の認識は一致している。

●日中両国やアジア地域に存在する課題の解決に向けて協力を進めることについて、日本人の56・5％、中国人の76・2％が「賛成」している。

これを見ると、確かにお互いの印象は良くない。だが意見の一致しているところも多い。意見が一致しているのは、政府がもっと信頼関係を深めることであり、民間交流の重要性だ。さらに東アジアが目指すべき価値観も一致している。協力して東アジアの課題に取り組むべきだという姿勢も一致している。これが日本と中国の庶民の「民意」だ。

この「民意」を大事にしていけば日中両国が協力して「庶民の世紀」の実現に邁進できるのだ。

習近平主席を国賓として日本に招く予定がコロナ騒ぎで延期されたが、今こそ招聘を実現しなければならない。東アジアに平和をもたらすには隣国中国との良好な関係が不可欠だ。

次に台湾と中国の問題だが、台湾には「一つの中国」体制を保っていてもらいたいと思う。なぜなら、中国本土が台湾の助けを必要とする時代が必ずやってくるからだ。中国の経済体制は日本の高度成長期の経済システムを模倣したものだ。つまりそれは国家資本主義だ。一方、政治的な統治システムの方は都市国家シンガポールを手本にしていると思う。

シンガポールの建国の父であるリー・クワン・ユーは、シンガポールで強権政治を行って成功した。タバコやガムを道路に捨てると500ドルの罰金を請求される。庭の雑草を放置していても罰金を取られる。政治的には一党独裁だ。国内の言論は統制されており、政治批判はゆるされない。だが、今では日本よりも豊かな国になっている。

中国も似たような状態だが、いつか民主化を求める国民の声が強くなるだろう。シンガポールは小さな島で独裁政治も可能だが、中国大陸は大きい。リー・クワン・ユーは中国共産党首脳のコンサルタントをしていたが、「巨大な中国を民主化するには連邦制しかない」と発言している。つまり米国のような合衆国制度だ。[注9]

いくつかの州が合わさった合衆国にする場合、台湾はすでに中国の一つの州であり、他の州の模範となるかもしれない。そのような可能性も十分にある。台湾は中国人の島であり、独裁国家だった。だが自力でユニークな民主主義を確立した珍しい人々であり、中国が十分に参考にできるシステムだ。台湾独立などと言って波風を立てないで、現状を維持して、時期を待ってほしいものだと私は思っている。

日本列島全体が「世界遺産」

最後になるが「幸せな国ニッポン」を作る大きなチャンスが訪れていると思う。まずは、日本という国がどういう国なのかを知ることが大切だ。「ユーラシア大陸という世界島」の東端にある小さな島国「日本」は、国全体が「世界遺産」だ。日本はユニークな文化を持っているのだ。

コロナ騒動の前になるが、米国の友人が毎年、米国の大金持ちたちを引き連れて日本観光に来ていた。彼の謳い文句は「日本は地球に存在する別の惑星だ」というものだった。

この日本独特の文化を活用すれば「幸せな国ニッポン」は実現できる。だが「幸せな国ニッポン」を作るにはいくつかの条件がある。その一つは、欧米文明が「人々を幸せにする」という幻想を日本人は捨てなくてはならない。欧米文明というのは基本的に「略奪の文明」なのだ。

『パパラギ』（立風書房）という本があるが、この本の主人公であるサモア島の酋長ツイアビによると、「西洋文明は島の人々に光を当てるものではなく、暗闇に引き摺り込もうとするものだ」という。[注10] 酋長ツイアビはヨーロッパ諸国を視察旅行した結果、この結論に達しているが、西洋文明の本質を見事に見抜いていた。

酋長ツイアビは「白人たちの神はお金だ」と看破している。「神が人々に与えた豊かな自然も、個人の所有物だと考えている」「白人は時間の奴隷だ」「無用な物に取り囲まれた白人は、不幸になっている」などと西洋文明を観察している。[注11]

北米のアメリカン・インディアン、スー族の文化も魅力的だ。アメリカン・インディアンたちの文明も「自然と共生をする循環型文明」だった。スー族では最高権威者は年取った女性たちであり、彼女たちが酋長を指名した。酋長は男性で、もっとも有能で、交渉力の優れた人格者が選ばれた。

部族で一番質素な生活をしているのが酋長だった。なぜなら、持っているものを全て部族の人々に分け与えてしまうからだ。若い勇士たちは「今日は死ぬのにはいい日だ」と覚悟して、バッファロー狩りに出かけて行った。狩りが終わると、大精霊に感謝して祈りを捧げ、収穫した肉は、子どもたち、身体に故障のあるもの、老人、女性たちの順番で優先的に与えられた。それから勇士たちが取り、最後に酋長が受け取った。男の子は13歳になると弓を取るか、あるいは針と布を取るかを選ぶことができた。

戦士になりたくない男の子には家内の仕事が与えられた。[注12]

北米インディアンたちは豊かな生活をしており、カリフォルニアのサンディエゴあたりの島に漂流したスペイン人たちは、インディアンの食糧倉庫から、好きなだけ食料を持っていくことができた。飢餓とは無縁の人々だった。[注13]高度な天文学も持っていたようだが、白人たちに古代から伝わる遺跡や文化を破壊されてしまったため、詳細はわからなくなっている。[注14]

過去500年続く欧米人による世界侵略は、世界を不幸にした。もちろん科学面では欧米文明は恩恵ももたらしている。外科手術などは確かに優れている。コンピュータ文化も欧米文明がもたらしたものだ。だが、欧米文明という「略奪の文明」はそろそろ終わらせなければいけない。自然や人々を搾取する「略奪の文明」ではなく、「自然と共生をする循環型の文明」が、これからの世界に必要なのだ。

戦争ばかり起こして、ロシアや中国を「弱体化」させようとする収奪的・帝国主義的な欧米文明を尊ぶのは終わりにしなければならない。自然破壊をしない、もっと優れた「文明」を作りだしていかないと「幸せな国ニッポン」も実現できない。

日本が世界に貢献できるのは、日本の次のような特色だ。まず、「おもてなし文化」だ。「おもてなし文化」は世界共通だが、日本の場合はそれが精緻を極めて徹底しているところに魅力がある。

次に「職人を尊重する文化」だ。日本では職人芸が尊重される。日本料理の職人芸も世界遺産ものだ。日本刀に見られるような異常な鋭さは、日本人の職人魂の結晶なのだ。この職人魂は、あらゆる面で発揮される可能性がある。リー・クワン・ユーも、日本刀を作れる日本人は特殊な才能を持っていると絶賛していたものだ。[注15]

日本のお人好し文化も、欠点なのだが魅力でもある。昔から島国で、異国人による侵略や略奪が少なかった日本人は、脇が甘く、すぐプロパガンダに洗脳される、騙されやすい人々だ。だがそういうウブなところは、かたちを変えれば日本人の良さともなり得る。

日本人はもともと自然を大切にする人々だった。アメリカン・インディアン同様に、自然を崇拝していた。英国の作家グラハム・ハンコックと一緒に伊勢神宮に取材に行ったことがある。その時グラハムは神主に面白い質問をした。「神道には聖典がないが、あなたたちは一体何のために命をかけるのだ?」。神主は「伊勢神宮周辺の美しい自然を見てください。私たちはこのような美しい自然を維持するためには命をかけます」と返答した。

確かに神社があるところは自然が豊かだ。日本は欧米人のように自然を搾取する文化を持っていなかった。この面でも欧米の真似をやめなくてはならない。欧米人が来る前の日本人にとっては「自然が神様だった」。だが欧米文明を崇拝するに従い「日本人の神も、お金になってしまった」。

さらに「富の格差」の少ない国にしなければ「幸せな国ニッポン」は実現できない。富の格差が少ない国は、安全性の高い国でもある。

今、日本はチャンスを迎えている。

帝国主義を嫌う中国、インド、ロシアと手を結び、英米支配者層の傲慢さを打ち破り、謙虚なアングロサクソンの人々と手を握り、「庶民の世紀」「平和で庶民の心と懐が豊かになる黄金時代」を作り上げるチャンスが来たのだ。

最終章
結論

『アングロ・アメリカン支配者層』を書いたキャロル・クイグリー教授は、序文の中で「私はミルナー・グループの目標や目的には賛成だ。彼らの行動は、善意と高い理想に基づく」と言っている。

ミルナー・グループの目標や目的は「世界を大英帝国が支配する」「米国を大英帝国の一部とする」「偉大な強国を作り、戦争を不可能にする」「人類の最善の利益を促進する」だった。

これが善意と高い理想に基づいていると、キャロル・クイグリー教授は思っている。だが、私から見ると帝国主義者たちの「善意と高い理想」は「呆れるほどの傲慢」な錯覚だとしか思えない。

欧米人の支配する世界など誰も望んでいない。なぜなら、欧米人が支配してきたこの500年間は、人類にとって最悪の経験だったからだ。

欧米の二重基準の原点は人種差別にある。欧米エリート層の多くは、今も昔も「人間は平等である」ことが理解できない。黒人や、黄色人種が同じ人間であることが理解できない。ヘンリー・ウォレスがいうように「人は生まれながらに自由で平等だ」という思想を、白人中産階級以外の人類全てに適用しようとすると、欧米社会では危険思想と見做されてしまう。

彼らのいう「法の支配」というのは「欧米のルールによる支配」と同義語だ。欧米が国際法を破ってイランやロシアやキューバや中国に経済制裁をしても許される。国際法を無視して、イラクやリビアを攻撃して滅ぼしても誰にも文句を言わせない。人権問題でも、欧米は他国の批判はするが自国の人権問題には気がつかない。欧米人の「呆れるほどの傲慢さ」は欧米の二重基準に表れている。

米国が247年の歴史で戦争ばかり行ってきたのも、「白人による世界支配」が神に与えられた使命だと、とんでもない思い違いをしてきたせいだ。このどこに善意や高い理想があるのだろうか？　全て「思い上がり」に過ぎないのではないか。彼らがすべての人々をキリスト教に教化しようとしたのは、善意に解釈しても「呆れるほどの思い上がり」でしかなく、悪くいうと、富を略奪するための手段でしかなかった。コロンブスの時代から、イエズス会の宣教師が教化に務めたのは黄金が採鉱できる場所だけだった。

ミルナー・グループは、イエズス会のような宗教組織であり、「大英帝国を拡大するための教会」である。キャロル・クイグリー教授は「彼らは善意や高い理想を持っていた」という。彼らの善意や高い理想とは何なのか？

それを知るために、植民地香港の最後の提督クリス・パッテンの書いた『東と西』という本を読んでみた。［注1］

大英帝国は100年間、香港を統治したが、95年間、民主主義を導入しなかった。だが、クリス・パッテンは最後の5年間の統治の間に、議会制民主主義を香港に導入しようと努力した。つまりミルナー・グループの一員としては、理想主義者のようだ。『東と西』を読んで気がつくのは、クリス・パッテンもまた「傲慢な白人」の一人であることだ。彼によると香港には「豊かだが恩義を感じない植民地の臣民がいる」「彼らは英国の高潔な意図に疑いを抱いていた」という。［注2］つまりクリス・パッテンは「香港の臣民は、英国の高潔な意図に恩義を感じるべきだ」と思っている。

植民地にしてくれてありがとうと、恩義を感じるべきなのだろうか？ それはとんでもない話だ。反対に、大英帝国をはじめとする欧米諸国は、植民地時代に行った搾取の償いをするべきなのだ。

大英帝国は多くの国を植民地化した。そのことに感謝している国などは存在しない。マレーシアもミャンマーもインドも独立して正解だと思っている。インドネシアもオランダから独立できてよかったと思っている。

クリス・パッテンの傲慢さは次の文章からも読み取れる。

それでは西洋が恥ずべきだという点に関してはどうだろう、帝国主義的拡張や19世紀における中国分割の試み、条約による開港場（中国から力づくで得た通商拠点）の設定、香港、アヘンなど、これらすべては20世紀の時点から見ると弁解の余地がない。［注3］

「20世紀の時点から見ると弁解の余地がない。」と言っているが、19世紀では弁解ができる、つまり正しかったと言いたいのだろうか？ 大英帝国の帝国主義も植民地政策もアヘン戦争も、力任せの開港場の設定も、19世紀においても不正な行為だった。

植民地経営。インドの悲劇

太平洋戦争が終わって78年たち、世界中で欧米による植民地経営の実態が暴かれ始めている。著名な本ではキャロライン・エルキンズの書いた『暴力の遺産・大英帝国の歴史』がある。この本を読むと「英国人が紳士である」というのはプロパガンダで作られた神話であることがわかる。[注4] 彼女の前作『帝国の罪』はアフリカの英国植民地ケニアにおける英国の残虐性を暴いて評判となった。[注5]

最近になって、190年間も英国の植民地であったインドの悲惨な過去が、学者たちの努力によって明らかになってきている。そこで本書ではインドのことにだけ、簡単に触れておこう。

1947年に英国から独立したインドは、貧しい国として有名だった。ところが英国に植民地にされる前のインド（1757年）は、豊かな国であったことが今ではわかっている。英国に搾取されるようになってから、インドは、飢饉に襲われる貧しい国になったのだ。

英国の植民地になる前のムガール帝国（インド）は世界経済の27パーセントを占める大国だった。それが英国の植民地政策で搾取されて貧困な国になってしまったと、『暗黒の時代　インドにおける大英帝国』の著者シャシ・タローはいう。この本はインドでベストセラーになっている。[注6]

シャシ・タローは国連の事務次長を務めたインドの国会議員だが、「ウインストン・チャーチル英国元首相は、ヒトラーと並ぶ20世紀の邪悪な支配者の一人だ」と非難している。それはチャーチルが1943年のベンガル地方で起こった飢饉に直接関与しているからだ。[注7]

英国による植民地経営の特徴は3つある。

第一に、インド国民に多額の税金を払わせ、その税金でインドの生産物を購入して世界に輸出して稼いだことだ。つまり無料でインドの繊維製品や食料品を購入して、世界に売り込んで利益を上げていた。インドは当時世界第2位の貿易黒字国だったが、その利益の全てを英国が奪い、北米やヨーロッパに投資して、インドのためには一銭も使わなかった。190年間にインドから盗んだ金額は少なくとも45兆ドルと計算されている。この期間に貧困率が2倍になり、餓死者も倍増し平均寿命も低下した。［注8］英国やインドの経済学者たちの調査によると、1880年から1920年の40年間に1億6500万人のインド人が英国の政策のために餓死している。［注9］

第二に、大英帝国の方針はインドを工業国ではなく、食料や原材料の供給地にすることだった。そのため大英帝国はインドの優れた繊維産業や造船業、鉄工業を破壊した。繊維産業の場合、関税をかけずに安くて粗末な英国製繊維製品を輸入させた。［注10］

第三は強烈な人種差別意識だ。それは1943年のベンガルで人為的に起こされた飢饉についての、ウインストン・チャーチルの発言からもわかる。

ベンガル地方の飢饉では推定430万人が餓死や栄養失調で亡くなった。この年に英国は7万トンに上る食料をインドから輸出した。この事件についてチャーチルは「私はインド人が嫌いだ。彼らは獣のような宗教を持つ、獣のような人々である。飢饉はウサギのように繁殖した彼ら自身のせいだ」とコメントしている。［注11］

このヨーロッパ人の人種差別意識には根深いものがあり、白人種以外のすべての人々は獣だと、今でも思い込んでいる人がかなりいる。それも権力を持つ人々に多い。

したがって、このような極端な人種差別主義者たちによって世界を支配されてはならないのだ。

このように欧米による植民地経営は、人類最大の残虐行為の一つであったことが明らかになっている。大英帝国やベルギーやオランダは、植民地政策の残虐行為の証拠隠滅に一生懸命だったが、今では暴露され始めている。

残念なことに、英米支配者層の意識は21世紀の今でも、500年前から変化していない。今でも力任せで、世界を支配しようとしている。西洋のルールを、問答無用で他国に押し付けようとしている。ウクライナ戦争における「ロシア弱体化」の狙いも、台湾有事を起こして「中国弱体化」を狙うのも、19世紀の欧米の帝国主義政策と全く一緒だ。中国やロシアやインドや中東を分割して植民地支配するのが欧米の狙いなのだ。

「英国の高潔な意図」は傲慢さの表れ

さて、「英国の高潔な意図」とは何なのか。パッテンによると、それは次のような意図だ。

自由と民主主義、それに拷問の禁止や、裁判なしでの投獄及び、宗教的迫害などの廃止。［注12］

中国は、このような要件を満たしていないとクリス・パッテンは言う。一方、欧米社会は、このような高潔な意図によって統治されているという。

本当だろうか？　現在の中国を見てみよう。

インターネットで「世界で一番幸福度の高い国」［注13］「政府の信頼度の高さ」［注14］「人権が守られている国」［注15］を検索してみてほしい。中国が一番というケースが多い。調査をしているのは、いずれもヨーロッパの世界的にも信頼されている会社だ。

一方、「拷問の実施や、裁判なしでの投獄」を行なっているのは米国だ。［注16］キューバにある米国の軍事基地グアンタナモには、660人の子どもを含むアルカイダ戦士が裁判なしで投獄され、非人道的な拷問をされた。［注17］イラクのアブグレイブ刑務所でも、イラク人に対して非人道的な拷問が行われた。［注18］「宗教的迫害」を行っている国は多いが、米国や英国が無条件で支援するイスラエルもその一国だ。

『アングロ・アメリカン支配者層』を書いたキャロル・クイグリー教授は、序文の中で「グループ内には、災いをもたらす生き方をした人たちがいた。残念ながら、長い目で見ると、グループ内でも世界でも、後者の影響の方が強いのだ」と言っている。ということは、現在、「ウクライナ戦争」や「擬似パンデミック」を企画して、世界を混乱に陥れている人々は「災いをもたらすような生き方をしている人たち」に違いない。

ウクライナ戦争から学んだこと

次にウクライナ戦争の教訓について考えてみよう。少なくとも3つのことを行わなければならない。

1つ目は米国の「ブッシュ・ドクトリン」を廃止させることだ。欧米のネオコン過激派が推し進める一極支配は世界を不幸にする。2つ目は「核戦争の防止」だ。そして3つ目は欧米による「経済制裁」の禁止だ。

NATOの軍事アナリストでウクライナ軍の顧問をしていたジャック・バウ大佐は2022年9月1日のインタビューで、すでにウクライナ軍は敗北していると言っている。[注19] なぜならウクライナの精鋭部隊が殲滅されてしまったからだ。欧米は兵器や資金を提供できるが、兵士は出せない。そうなると、ウクライナ軍の兵士が枯渇する。

ウクライナ戦争はウクライナと欧米諸国の敗北で終わることが確実だ。ウクライナの敗北が決まった後、欧米はどうするのだろうか？ NATOが参戦してでもウクライナを勝たせるとなると、最後の世界大戦が勃発する。つまり米国率いるNATO対ロシア・中国との戦いだ。軍事的に見ると現状ではNATOが負けてしまう。ロシアや中国はハイパーソニック・ミサイル弾を豊富に持っているが、米国にはないからだ。米国は開発中だが、開発には遅れが見られる。[注20]

この戦いが核戦争になったら共倒れだが、いくら戦闘的な欧米のネオコンたちでもそこまでは踏み切れないだろう。中国やロシアは、核による先制攻撃はしないという方針を堅持している。だが米国は「ブッシュ・ドクトリン」を今でも堅持していて「先制攻撃」をすると言っている。

つまり核戦争を起こす恐れがあるのは過去239年間で平和な時は17年しかなかったという戦争大好き国家・米国なのだ。[注21] 米国が戦争を求める国ではなく、平和を求める国になるには「ブッシュ・ドクトリン」が破棄されなくてはならない。

一時的にウクライナとロシアが和平協定を結んでも、ネオコン過激派が欧米の外交政策を支配している限り、米国は世界の一極支配を諦めないだろう。そういう時、日本はどうすれば良いのか？

日本は「戦争反対」の立場を貫くべきだろう。これからの日本はインドのように非同盟主義を貫くか、平和力を強化して中立の道を模索すべきだ。

ウクライナ戦争で大失敗をした欧米諸国のネオコン過激派たちは、次に台湾有事を引き起こそうと、すでに模索している。これに対しても、日本は「平和主義」の立場を貫くべきだろう。

日本が味方にするべきなのは、世界の独裁支配を狙う欧米諸国ではなく、平和な多極世界を望むＢＲＩＣＳ諸国なのだ。欧米諸国による一極支配は、問答無用の世界になる。国際法も対話も必要のない世界になってしまう。多様な文化が存在する地球では対話が必要だし、国際法も必要だ。

ネオコンの中でも過激な思想の持ち主たちが、過去30年間、米国の外交政策の主導権を握ってきた。[注22] トランプ政権の時はポンペオ国務長官やボルトン補佐官だったが、バイデン政権ではブリンケン国務長官やヌーランド国務次官だ。彼らが現在の世界を核戦争の方向に押し流している。このようなネオコンたちを、世界政治の舞台から退場させなければならない。

3つ目の経済制裁だが、経済制裁は大量破壊兵器の一種であり、国際法で禁止されている。それを一方的に行なっているのが米国であり、欧米諸国だ。2023年4月3日に国連人権理事会で行われた採決でも、欧米によるロシアへの経済制裁は圧倒的に非難されている。[注23]

欧米が行っている経済制裁の正式名称は「一方的強制処置」だが、制裁の影響で多くの人々が殺されている。イラクは経済制裁で苦しんだが、100万から150万人のイラク人が栄養失調や医療不足で死んでいる。国連イラク人道調整官のデニス・ハリデーは、「経済制裁による大量殺人」に抗議して辞職した。[注24] 1996年の『60ミニッツ』のインタビューで、マデリン・オルブライト元米国務長官は、制裁によってイラクで50万人の子どもが死んだという報告について質問された。米国の国務長官

は「これは非常に難しい選択だと思いますが、その代償は、私たちはそれに値すると考えています」と答えた。[注25]

それ以来、ワシントンの経済制裁という兵器の使用は大幅に増加している。経済政策研究センターの調査によると、米国の違法な経済制裁は、2017年から2018年にかけてだけで、ベネズエラで推定4万人の死者を出した。[注26]

経済学者ティモシー・テイラーがOFAC（米国財務省外国資産管理室）のデータを検証したところ、2000年から2021年までの20年間で、米国政府の制裁指定の数は912から9421に増え、933パーセントも急増している。[注27]

このような国際法に違反した経済制裁が頻繁に行われるようになったのは「ブッシュ・ドクトリン」が表明されてからだ。経済制裁という無法な戦争は、もうやめさせなければいけない。2023年の国連人権委員会でロシアへの経済制裁に賛成したのは、欧米諸国と、ウクライナ、グルジアだけだった。世界の87パーセントの人々は経済制裁に反対している。日本もすぐに全ての経済制裁を解除すべきだ。

「擬似パンデミック」から何を学ぶべきなのか

次に新型コロナの「擬似パンデミック」から何を学ぶべきなのか。3つ考えるべきことがある。

第一に「もうワクチンを打つのをやめよう」ということだ。ワクチンを接種し始めてから世界の死者数が増えている。日本はいつの間にか世界一のワクチン接種国になってしまっている。[注28]

新型コロナに感染しても若者や子どもには影響が少ないことが知られていた。ところがワクチン接種のために若者や子どもの怪死が増えている。心筋炎になって死ぬ人が増えているのだ。デンマークではこの異常に気がつき、2022年10月から50歳以下の人々へのCOVIDワクチン接種をやめている。英国でも2022年9月から12歳以下の子どもと妊婦へのワクチン接種を停止している。[注29] 日本はいまだに無責任にも子どもへの接種を推奨している。少し鈍感すぎるのではないだろうか?

第二には、イベルメクチンを活用することだ。世界的に効果が認められている薬が日本ではほとんど使われなかった。理由は、この薬品の価格が安すぎるからだ。したがって医者も製薬会社も儲からない。それだけの理由で、イベルメクチンの服用は制限されてしまった。

世界中でイベルメクチンの効果が認められたときに、なぜ、日本の政府や医師会はもっと強力にイベルメクチンの使用を勧めなかったのか？　もっとも東京医師会の尾崎会長は2021年11月に「今こそイベルメクチンをつかえ」と主張したが、認められなかった。[注30]これは何を意味するのだろう？　日本はWHOの属国なのか？　欧米の大製薬会社の属国なのか？　ビル・ゲイツの属国なのだろうか？

イベルメクチンは日本に存在していると言われた「ファクターX」そのものだ。地球は多様性に富んでおり、日本の風土には特別なウイルスがいたのだ。イベルメクチンは安価で副作用もない安全な薬として30年の実績がある。アフリカ諸国でCOVIDの影響が少なかったのは、イベルメクチンを常用していたからだ。

第三はWHO（世界保健機構）からの脱退を視野に入れることだ。理由は2つある。まずWHOはスーパーリッチたちに支配されている。彼らは多様な地球の風土を無視して、WHOが決めた薬やワクチンを世界同時に使わせようとしている。スーパーリッチたちはWHOを、国家を超えた支配者にしようと企んでいる。[注31]

ＷＨＯが計画している「新国際保険規制」と「パンデミック条約」が批准されると、日本は公衆衛生についてはＷＨＯの属国となる。日本政府は全てをビル・ゲイツとロックフェラー財団とビッグファーマが支配するＷＨＯの方針に従うことになる。どのような薬を使うとか、どのようなワクチンを使うとか、ロックダウンをするとかについて、国家としての意志は持てなくなる。

ＷＨＯはデービッド・ロックフェラーが設立した組織で、資金の80パーセントをビッグファーマやビル・ゲイツなどのスーパーリッチが提供している。デービッド・ロックフェラーもビル・ゲイツも世界の人口削減を目指していると言われている。[注32]ＷＨＯに世界の公共衛生を支配されるということは、世界がビッグファーマに支配されることと一緒だ。

そこで日本はこの条約がＷＨＯで批准されたら、ＷＨＯから脱退しなければならない。批准されなくともＷＨＯからは脱退するべきだろう。なぜならビッグファーマやビル・ゲイツが狙っているのは、民主主義で選ばれた政治家の上層に、専門家を雇ったスーパーリッチによる専制的な支配組織を作ることだからだ。[注33]『１９８４』という本で英国の作家ジョージ・オーウエルが予測したようなディストピア世界（反ユートピア世界）に、現在の地球は突進中なのだ。

多極世界への道

欧米諸国の支配者層はネオコン過激派を活用し、世界を独占的に支配するため、「ロシアの弱体化」「中国の弱体化」を実行している。その次には「インド弱体化」も視野に入れている。

一方、中東世界には「平和」が戻りつつある。中東は、欧米諸国が関わっていた時代は常に戦争の絶えない地域だった。なぜなら欧米諸国は中東の石油を支配するために分割統治を目指したからだ。「お金が神様」の欧米人は、人道などを無視して戦争を起こす。それはアヘン戦争の時代から変わらない。

だが最近はロシアと中国の努力で、中東に平和が訪れている。サウジアラビアとイランが正常な関係に戻り、シリアもアラブ連盟に復帰した。イスラエルを除けば、中東には平和を求める国家ばかりになった。欧米が介入するところにはすぐに戦争が起こるが、ロシアや中国が介在するところには平和がもたらされる。ウクライナ戦争も平和を仲介できる国は中国だけになってしまった。

つまり世界を欧米による一極支配世界から多極世界へ変えると、地球に平和が訪れる可能性が高い。そこで世界を多極世界へ変える必要があるわけだが、どうすれば良いのだろうか。

少なくとも4つのことをしなければならない。

一つは基軸通貨ドルの廃止と新たな基軸通貨の創設。[注34] 次に世界銀行の代わりとなるBRICS銀行の後押し。[注35] そしてIMF（国際通貨基金）の代わりとなるユーラシア通貨基金の設立だ。[注36] 4つ目は国連の機能を高めなくてはならない。あるいはマレーシアのマハティール元首相が主張するように、グローバルサウスの意見が反映できる新しい国際機関が必要だ。

米ドルを貿易決済に使用しない国が増えている。これは良いことだ。ロシアやベネズエラはドル資産を押収されたが、泥棒されたのと一緒だ。それ以降、世界中でドルの保有を減らしゴールドの保有を増やす中央銀行が増えている。

BRICS諸国はR5＋という国際通貨を作っている最中だ。これが流通し始めると、輸出入の決済はR5＋で行われるようになる。各国は国内では自国の通貨を使い、貿易の決済にはデジタル通貨のR5＋を使用するわけだ。これが実現すると米国の中央銀行FRBが金利を上げても、発展途上国が破産するようなことがなくなる。お金を借りるのもドルではなくR5＋になるからだ。これが実現すると米国による世界の金融支配も終わる。米国は金融大国の立場を失い、ただの大国に戻るだろう。

BRICS銀行はすでに存在する。[注37] IMFの代わりになるユーラシア通貨基金の設立構想も進展している。すでに中国の習近平とマレーシアのアンワル・イブラヒム首相が構想を練っている。[注38] 発展途上国の属国化に貢献してきたIMFの代わりにユーラシア通貨基金が設立されれば、欧米が起こしてきたような経済危機もなくなる。

最後は国際連合の復活だ。帝国主義や植民地主義と決別するために、マハティール元首相が主張するように、新たな国際組織を作るべきだろう。新たに作る世界組織は「地球連合」として本部もニューヨークではなく、ユーラシア地域にするべきだ。シンガポールが良いかもしれない。

常任理事国制度も見直しが必要だ。理事国になるには選挙で選ばれるようにするのが良いだろう。世界で最も信頼されている10カ国が理事国になるのだ。任期も決めるべきだ。拒否権も無しにする。中立的な国連軍も欲しいところだ。グローバルサウスの意見が反映される新たな国際組織を検討する時期が来ている。気をつけなくてはいけないのはスーパーリッチたちに買収されない「地球連合」にすることだ。民主主義が簡単に買収されてしまうのは、米国の民主主義を見ていると明らかだ。

日本はこれらの構想に積極的に注意深く関与していくべきだ。それには「欧米諸国が正義を愛する国々だ」というプロパガンダによって作られた蜃気楼が偽物だと、日本人は気づかなければならない。

日本がこれからしなければいけないこと

最後に日本がこれからどのような行動をとるべきかを示そう。4つある。

第一に日本は「真の独立国」になるべきだ。戦後80年近く経ってようやく「真の独立国」になれるチャンスを迎えている。

具体的には日米安全保障条約を解消することが一番大事だ。米国とは相互平和条約だけで十分だ。日本の国益にとって最大の敵は、世界の一極支配に盲進するネオコン過激派だ。

ロバート・F・ケネディ・ジュニアが民主党候補として、米国の大統領選挙に出馬したので、日本にとっては「真の独立」を達成する一つのチャンスが訪れている。[注39] ロバート・F・ケネディ・ジュニアは「米国を再び模範的な民主主義国家にするために、800の海外基地を閉鎖し、米軍を直ちに帰還させる」と約束している。[注40]

日米安保条約が解消できたら、日本国憲法の改正についても真剣に考えることができる。米国の属国状態で、憲法を改正するのは危険だ。まずは「日米安保条約解消」を党是とする政党が必要だ。ドイツでは「米国基地は不要」と主張する野党が存在するが、日本にも必要だ。[注41]

第二にロシアとの平和条約締結を早急に実現しなければならない。多極化した世界は平和な世界になる可能性が高い。資源大国ロシアと技術大国日本は相性が良い。何しろ貿易立国の日本にとっては「世界平和」が一番大事なのだ。

第三にBRICS諸国に参加することが望ましい。上海協力機構に参加するのでも良いだろう。BRICS諸国はすでに19カ国が参加しようとしている。[注42] BRIC

S諸国は、明らかにこれからの世界を引っ張っていくグループだ。日本は欧米中心のG7ではなくてユーラシア大陸のG7になれたら名誉だと思う。

最後になるが、日本はユーラシア大陸の東端にあり、ここから陽が昇る。ユーラシア大陸を明るく照らすのは日本から昇る太陽だ。日本は世界を明るくする国になるべきなのだ。それが日本の使命だ。世界を明るくするためには、500年間続いたアングロサクソンによる帝国主義と植民地主義の世界支配を終わらせなければいけない。現在の英米支配者層の中枢にいて存在感を示しているのはネオコン過激派たちだ。彼らを世界政治の舞台から退場させなくてはいけない。

日本は中国、インド、ロシア、ブラジル、インドネシアなどの大国とともに、地球に多極主義世界をもたらす使命がある。日本のサムライたちは、今、目覚める時が来ている。

あとがき

2023年6月16日、米国のバイデン大統領は銃規制法案の会合における演説の最後を「God save the Queen, man!」で締め括った。つまり「女王陛下万歳」だ。米国の大統領がまるで国粋的英国人のような発言をしたのだ。[注1]これは今でも謎とされており、ホワイトハウスの報道官も説明ができないでいる。その真相は本書を読んでいただければわかる。

世界は今、2つの陣営に深く分裂している。

一方はこれまで500年間、世界を征服して支配してきたアングロサクソン陣営だ。国の数で言うと40カ国程度。世界の人口に占める割合は13パーセント。支配的な立場にあるのは超大国・米国で、欧米による世界の一極支配を継続しようとしている。

もう一方はBRICS（ブラジル、ロシア、インド、中国、南アフリカ）陣営であり、多くの中東諸国やアフリカ諸国も参加している。国の数では150カ国。世界人口に占める割合は87パーセントだ。中心的な立場にあるのは新たな超大国である中国であり、ヨーロッパを追い出されたロシアであり、次の超大国インドだ。この陣営は世界を多極化したいと願っている。つまりアングロサクソンによる一極支配を拒否する点で一致団結している。

この2つの陣営は、現在、ウクライナ戦争を巡って戦っている。だが、ウクライナ戦争の決着はなかなかつかない。ロシアに比べてウクライナは弱小国ですでに破綻しているが、欧米が支援しているからだ。

欧米諸国の首脳たちは、一極支配を継続するためには核戦争も辞さないネオコン強硬派によって支配されている。一方、BRICS陣営も欧米の狙いを知っているので一歩も後には引く気がない。ウクライナ戦争で欧米諸国が「ロシアの弱体化」に成功したら、次は「中国の弱体化」となる。その次には「インド弱体化」「ブラジル弱体化」が狙われるのはあまりにも明らかだ。

アングロサクソンは「オール・オア・ナッシング」で世界の一極支配に固執している。富が得られるからだ。一方、ロシアや中国やインドは、そういう欧米の「帝国主義」「植民地主義」「傲慢さ」を過去に十分経験しているので、一歩も後ろには引かない。

そこでこの両陣営の戦いは、最終的には核戦争になるかもしれない。

さて日本はなにをしているのか？

日本はアングロサクソン陣営に加わって、「ロシア弱体化」「中国弱体化」に協力をしている。この選択は正しいのだろうか？

日本が選択を間違えていることは、この本を読んでいただければわかる。

日本が選択を間違えているのは、いまだに「欧米崇拝」「西洋崇拝」の慣習に染まっているからだ。インド人のように英国の植民地として搾取されてきた人々は、欧米の「民主主義の嘘」「人道主義の嘘」「人種差別」「傲慢さ」について熟知している。だから「欧米崇拝」の心理を捨てている。

ところが日本人の多くはいまだに「欧米崇拝」から脱しきれていない。だから現在、多くの選択において日本は間違いを犯しているのだ。

日本は昔から「おかしいことを、おかしいと言えない空気に支配されやすい」国だ。今の日本で「諸悪の根源はＮＡＴＯにある」とか、「プーチンよりもゼレンスキーの方がよっぽど独裁者」とか「インフルエンザ・ワクチンは接種しない方が良い」と、言ってはいけない空気がある。

だが、民主的な社会においては、自由に独立した考えを提供するのが、学者とジャーナリストの責任だ。人と異なる議論を広く自由に行わないと、民主主義自体が窒息して専制主義の世界になってしまう。そう思ったので、本書を出版することにした。

執筆にあたっては多くの方々のご意見をいただいたが、特にフリーランスライターの網中裕之氏にはお世話になった。本書における私の意見に様々な疑問点を指摘していただき、推敲を重ねることができた。大変に感謝している。初めての付き合いとなったパレードブックスの方々にも感謝している。特に進行管理をしっかりとフォローしてくださった出版コーディネータの下牧しゅうさんは、心強い存在だった。

2023年9月吉日

大地舜

索引

■タ行

■マ行

■ヤ行

■ラ行

参考文献（掲載順）

■はじめに

- ノーム・チョムスキー『誰が世界を支配しているか？』双葉社、2018年
- エレン・H・ブラウン『負債の網』那須里山舎、2019年
- Carroll Quigley “The Anglo-American Establishment. From Rhodes to Cliveden” Books in Focus, 1981
- 『米国の覇権とその危うさ』中国外務省、2023年2月20日

■第1章

- Carroll Quigley “Tragedy & Hope. The History of The World in Our Time” The Macmillan Company, New York, 1966
- ビル・トッテン『アングロサクソンは人間を不幸にする』PHP文庫、2003年
- Myers, Gustavus “History of the great American fortunes” Part 2, Charles H. Kerr & Company, 1909
- エマニュエル・トッド『第三次世界大戦はもう始まっている』文春新書、2022年
- ビル・トッテン『目を覚ませ、お人好しの日本』ごま書房、1995年
- ビル・トッテン『アメリカは日本を世界の孤児にする』ごま書房、1998年
- Bill Still “The Secret of OZ” Still Production, 2009
- Iain Davis “Pseudo Pandemic. New Normal Technocracy” HIM State Franchise, 2021
- ビル・トッテン『アングロサクソン資本主義の正体』東洋経済新報社、2010年
- リチャード・A・ウエルナー『円の支配者』草思社、2001年

■第2章

- アン・ウイリアムソン「欧米によるロシアの強姦」
- Iain Davis『Ukraine War! What is it good for?』
- オリバー・ストーン＆ピーター・カズニック『オリバー・ストーンが語るもう一つのアメリカ史』ハヤカワ文庫、2015年
- ウラジミール・ポズナー「イエール大学・講演」2018年
- ジャック・ボウの論文『戦争への道』2022年5月5日
- 「ジャック・ボウ・インタビュー」The Postil May. 1, 2022
- 「ジャック・ボウの最新インタビュー」The Postll , Sep. 3, 2022
- “Extending Russia” Rand Corporation, 2019
- N・ゲヴォルクヤンほか『プーチン、自らを語る』扶桑社、2000年
- Jacques Baud “PUTIN. Game master?” Max Milo, Paris, 2022
- Jacques Baud “OPERATION Z” Max Milo, Paris, 2022

■第3章

- Robert F. Kennedy Jr. “The real Anthony Fauci. Bill gates, Big Pharma and the Global War on Democracy and Public Health” Skyhorse Publishing, 2021
- John Lauritsen “The AIDS War. Propaganda, Profiteering and Genocide from the Medical-Industrial Complex” ASKLEPIOS, 1993
- Peter H. Duesberg “Inventing the AIDS Virus” Brilliance Audio, 2013
- Jon Rappoport “AIDS INC. Scandal of the Century” Namaste Publishing, 2004
- Edward Dowd “CAUSE UNKNOWN. The Epidemic of Sudden Deaths in 2021 and 2022(原因不明：突然死の流行：2021年・2022年)” CHD Books, 2022
- クラウス・シュワブ、ティエリ・マルレ『グレートリセット』日経ナショナルジオグラフィック社、2020年
- 峰宗太郎、山中浩之『新型コロナとワクチン。知らないと不都合な真実』日経プレミアシリーズ、2022年
- 母里啓子『インフルエンザ・ワクチンは打たないで！』双葉社、2007年
- Thomas Cowan, MD “Vaccines, Autoimmunity and the Changing Nature of Childhood Illness” Chelsea Green Publishing, 2018
- Dr. Judy Mikovits & Kent Heckenlively, JD “Plague of Corruption” Skyhorse Publishing, 2020
- 母里啓子『もうワクチンはやめなさい』双葉社、2014年
- R.B. Pearson “Pasteur: Plagiarist, Imposter” A Distant Mirror, 1923
- Ethel D. Hume “Bechamp or Pasteur? A Lost Chapter in the History of Biology” A Distant Mirror, 1942
- Thomas S. Cowan, MD, And Sally Fallon Morell “The Contagion Myth. Why Viruses (including “Coronavirus”) are not the cause of Disease” Skyhorse Publishing, 2020
- 山内一也『ウイルスの意味論』みすず書房、2018年
- Dawn Lester & David Parker “What Really Makes You Ill? Why everything you knew about disease is wrong” Dawn Lester & David Parker, 2019
- Torsten Engelbrecht, Dr, Claus Kohnlein, MD, Dr, Samantha Bailey, MD, Dr, Stefano Scoglio, BSc Phd, “Virus Mania” Trafford Publishing, 2021

■第4章

- 益尾知佐子『中国の行動原理』中公新書、2019年

- ジョー・ハイムス『ジョージ・ブッシュの太平洋戦争』一光社、1991年
- 岡田年正『大東亜戦争と高村光太郎』ハート出版、2014年
- アーサー・シュレジンガー，Jr『アメリカ大統領と戦争』岩波書店、2005年
- オリバー・ストーン『プーチン・インタビュー』DVD、ギャガ、2017年
- 21世紀政策研究所『現代中国理解の要所』2019年
- ランド研究所『世界の覇権を狙う中国』2021年
- "The Return of Great Power War. Scenarios of Systemic Conflict Between the United States and China" RAND Corporation, 2021
- エマニュエル・トッド『我々はどこから来て、今どこにいるのか？』文藝春秋、2022年
- Butler Smedley D. "WAR IS A RACKET" Lightning Source UK. Ltd, 2018
- エーリッヒ・ショイルマン『パパラギ　はじめて文明を見た南海の酋長ツイアビの演説集』立風書房、1981年
- Stannard, David E, "American Holocaust. The conquest of the new world" Oxford University Press, 1992
- グラハム・ハンコック『人類先史』上下巻　双葉社、2020年

■最終章

- クリス・パッテン『東と西』共同通信社、1998年
- Caroline Elkins "LEAGCY OF VIOLENCE. A history of the British Empire" KNOPE, 2022
- Caroline Elkins "IMPERIAL RECKONING. The Untold Story of Britain's Gulag in Kenya" Henry Holt and Company, 2006
- Shashi Tharoor "AN ERA OF DARKNESS. The British Empire in India" ALEPHA BOOK COMPANY, New Delhi, 2016
- Shashi Tharoor "INGLORIOUS EMPIRE. What the British Did to India" Penguin Random House UK, 2016

注

■まえがき

1 ノーム・チョムスキー『誰が世界を支配しているか？』双葉社、2018年
2 同上　pp.7-21
3 同上　p.322
4 Samuel P. Huntington, “The Lonely Superpower” Foreign Affairs 78.no2 (March/April 1999)
5 ウイリアム・ブルム『アメリカ侵略全史』作品社、2022年
6 エレン・H・ブラウン『負債の網』那須里山舎、2019年
7 「エルネオス」2019年7月から2020年7月
8 Carroll Quigley “The Anglo-American Establishment. From Rhodes to Cliveden” Books in Focus, 1981
9 「米国の覇権とその危うさ」中国外務省、2023年
https://www.fmprc.gov.cn/mfa_eng/wjbxw/202302/t20230220_11027664.html

■第1章

1 Carroll Quigley “The Anglo-American Establishment. From Rhodes to Cliveden” Books in Focus, 1981
2 Carroll Quigley “Tragedy & Hope. The History of The World in Our Time” The Macmillan Company, New York, 1966
3 同上 Preface, pp. ix-xi
4 世界最初の新聞「The Times」の仲間たち
5 All Souls College, University of Oxfordの仲間たち
6 「クリヴェデン仲間」第二次世界大戦前にイギリスで政治的に影響力を持っていた著名な上流階級のグループ
7 “The Anglo-American Establishment” Preface, pp. ii-iv
8 同上　p.33
9 同上　p.34
10 同上　p.34
11 同上　pp.49-50
12 筆者は「New perspectives Quarterly」の東京駐在員を20年ほど務めた。編集長ネーサン・ガーデルは世界のトップ30人のジャーナリストに選ばれており、30歳の時から外交問題評議会のメンバーだった。俳優のマイケル・ダグラス、映画監督オリバー・ストーンなどが理事。
13 “The Anglo-American Establishment” pp.304-311

14 同上　p.198

■第2章

1 ビル・トッテン『アングロサクソンは人間を不幸にする』PHP文庫、2003年、pp.42-43
2 同上　pp.45-49
3 同上　pp.54-59
4 同上　p.62
5 同上　pp.71-73
6 同上　p.92
7 同上　p.97
8 同上　pp.99-100
9 同上　p.100
10 Myers, Gustavus “History of the great American fortunes” Part 2, Charles H. Kerr & Company, 1909, pp.15-30
11 『アングロサクソンは人間を不幸にする』p.102
12 「アメリカの下位50％の世帯は、国全体の富の2％しか持たない…上位1％が3分の1を保有している」ビジネスインサイダー
https://www.businessinsider.jp/post-259961
13 『アングロサクソンは人間を不幸にする』pp.103-123
14 エマニュエル・トッド『第三次世界大戦はもう始まっている』文春新書、2022年、pp.167-169
15 ビル・トッテン『目を覚ませ、お人好しの日本』ごま書房、1995年
16 ビル・トッテン『アメリカは日本を世界の孤児にする』ごま書房、1998年
17 『誰が世界を支配しているのか』序文
18 『アングロサクソンは人間を不幸にする』p.124

■第3章

1 Bill Still “The Secret of OZ” Still Production 2009
2 G.E. Griffin, op.cit., pages 226-27; Patrick Carmack, Bill Still, The Money Masters: How International Bankers gained Control of America
3 Iain Davis “Pseudo Pandemic” New Normal Technocracy, HIM State Franchise 2021, page 369-375
4 筆者によるノーム・チョムスキーのインタビュー。2020年、週刊ダイヤモンド誌に掲載。
5 “Pseudo Pandemic”, pp.369-375
6 ビル・トッテン『アングロサクソン資本主義の正体』東洋経済新報社、2010年
7 イングランド銀行のWebsiteに詳しく解説されている。

8　リチャード・A・ウエルナー『円の支配者』草思社、2001年、pp.82-91
9　同上　p.82
10『アングロサクソン資本主義の正体』p.19, 27, pp.29-43
11　同上　p.29
12『負債の網』pp.124-128
13　同上　p.162
14　経済雑誌「エルネオス－お金の仕組みの摩訶不思議」2019年10月号
15　同上　2019年11月号
16『第三次世界大戦はもう始まっている』p.169

■第4章

1　中国外務省の文書「米国の覇権とその危うさ」2023年2月20日
https://www.fmprc.gov.cn/mfa_eng/wjbxw/202302/t20230220_11027664.html
2　Global Research
https://www.globalresearch.ca/america-has-been-at-war-93-of-the-time-222-out-of-239-years-since-1776/5565946
3　アン・ウイリアムソン「欧米によるロシアの強姦」
https://deeppoliticsforum.com/fora/thread-2671-post-77588.html#pid77588
4　イアン・デービス “Ukraine War. What Is it good for?”
https://iaindavis.com/ukraine-war-part-1/
5　ジョン・ミアシャイマー動画「ウクライナ戦争の原因はNATO」
https://www.youtube.com/watch?v=whu52mTkT-w
6　エマニュエル・トッド『第三次世界大戦はもう始まっている』p.17
7　クリス・ヘッジ
https://scheerpost.com/2022/07/11/hedges-nato-the-most-dangerous-military-alliance-on-the-planet/
8　ジェフリー・サックス
https://www.jeffsachs.org/newspaper-articles/m6rb2a5tskpcxzesjk8hhzf96zh7w7
9　ジェフリー・サックス
https://www.youtube.com/watch?v=wmOePNsNFw0&t=486s
10　オリバー・ストーン＆ピーター・カズニック『オリバー・ストーンが語るもうひとつのアメリカ史』ハヤカワ文庫、第三巻、p.220
11　同上　pp.220-221
12　同上　p.221
13「欧米によるロシアの強姦」

https://deeppoliticsforum.com/fora/thread-2671-post-77588.html#pid77588

14 同上

15 『オリバー・ストーンが語るもうひとつのアメリカ史』第三巻、p.222

16 同上　p.222

17 Anne Williamson's testimony before the Committee on Banking and Financial Services of the U.S. House of Representatives, presented Sept. 21, 1999

18 ジャック・ボウ・インタビュー、ウラジミール・ポズナーの講演

19 『オリバー・ストーンが語るもうひとつのアメリカ史』第三巻、pp.189-192

20 テキサスA＆M大学准教授ジョシュア・R・I・シフリンソン『フォーリン・アフェアーズ』2014年12月号抜粋

「1990年の東西ドイツ統合をめぐる交渉で、アメリカはソビエトに対して東ヨーロッパに北大西洋条約機構(NATO)を拡大させないと約束したのだろうか。解禁された米外交文書をみると、ジョージ・H・W・ブッシュ政権とヨーロッパの同盟諸国の指導者たちは「ソビエトが軍事プレゼンスを後退させても、NATOは現状を維持する。ヨーロッパのポスト冷戦秩序は双方にとって受け入れ可能なものになる」と、クレムリンの指導者たちを懸命に説得しようと試みている。1990年、西ドイツのハンス・ゲンシャー外相はドイツ統一後に「NATOが東方へ拡大することはない」と表明する。ベーカー(国務長官)はソビエトのシュワルナゼ外務大臣に「NATOの東方拡大はない」と強調し、ゴルバチョフにも「NATOが現在の管轄地域を超えて東方へと拡大することはない」と表明している。……西ドイツのコール首相も、モスクワで開かれた会談で、同じ約束を繰り返している。……ベーカーの一連の会談をまとめた外交文書によれば、「国務長官は……NATOの軍事プレゼンスをそれ以上東方へは拡大させないことを明確に相手に伝えている」。ドイツ統一に合意すれば欧米は(東方への拡大を)自制する、とモスクワが考えたとしても無理はない。……ワシントンがモスクワとの緊張を緩和したければ、東ヨーロッパにおけるNATOのプレゼンスを大きく低下させるべきだ。そのために欧米の指導者たちは、「東ヨーロッパでのNATOの役割強化を求め、ロシアとの軍事競争に備えるべきだ」という強硬派を抑える必要がある。」

21 ウラジミール・ポズナーによる、2018年のイエール大学での講演
https://www.youtube.com/watch?v=8X7Ng75e5gQ

22 『オリバー・ストーンが語るもうひとつのアメリカ史』第三巻、p.233

23 同上　pp.233-234

24 Wikipedia　ブッシュ・ドクトリン

25 世界史の窓
https://www.y-history.net/appendix/wh1701-098_0.html

26 ウラジミール・ポズナーによる、2018年のイエール大学での講演

https://www.youtube.com/watch?v=8X7Ng75e5gQ
27 同上
28 同上
29 同上

■第5章
1 イアン・デービス“Ukraine War! What is it good for?” Part1
https://iaindavis.com/ukraine-war-part-1/
2 Wikipedia　ヤヌコービッチ大統領
3 “Ukraine War! What is it good for?” Part1
4 同上
5 同上
6 同上
7 同上
8 Iain Davis “The far right, the Euromaidan, and the Maidan massacre in Ukraine”
https://iaindavis.com/UKC/RS-Maidan.pdf?x38956
9 https://uottawa.academia.edu/IvanKatchanovski
10 “Ukraine War! What is it good for?” Part1
11 同上
12 ビクトリア・ヌーランドと米国のウクライナ駐在大使ジェフリー・パイアットの電話会談
https://odysee.com/@TheMemoryHole:1/videoplayback-(16)U:2
13 スイス平和エネルギー研究所が暴露した「ウクライナ戦争の裏側」の衝撃　世界は真実の半分しか見ていない
https://news.yahoo.co.jp/byline/endohomare/20220531-00298626
14 “Ukraine War! What is it good for?” Part1
15 同上
16 同上
17 『ウクライナには「ネオナチ」という象がいる〜プーチンの「非ナチ化」プロパガンダのなかの実像』
「プーチンが、「ウクライナを非ナチ化する」と宣言したとき、大方の人々は狐につままれたような反応で、そのうち識者や国際政治学者はこぞってロシアのプロパガンダであると断定しだした。だが、本当にそうなのだろうか。アメリカの政治専門紙である「ザ・ヒル」は、2017年に、「ウクライナの極右の存在は、決してクレムリンのプロパガンダではない」と題された記事で、こう警告している。「西側の識者は、ウクライナにネオナチ集団は存在せず、モスクワが描いたプロパガンダの主張にすぎないという。しかし、これは悲しいことに間違いである」。そして、ニューヨークタ

イムズ、ガーディアン、BBC、テレグラフ、ロイターなどの、ウクライナの極右(ネオナチ)事情についての記事をとりあげている。……「これはロシアのプロパガンダではありません」とザ・ヒル紙は続ける。「ネオナチ」とされるグループとして、ザ・ヒルは「アゾフ大隊」をあげ、これまでのその悪行を列挙する。アゾフ大隊は……現在、ウクライナ軍の中核的存在にまでなっていることも、よく知られていることである。このザ・ヒルの記事では、国際連合人権高等弁務官事務所とヒューマン・ライツ・ウォッチが、東部紛争でアゾフによる一般市民の拉致・監禁、拷問などの事実の告発と批判を取り上げている。……ウクライナのネオナチの存在は、別にロシアだけがとりあげて警告してきたことではないのだ。むしろ西側のメディアもずっと取り上げ続けてきた。」

18 ジャック・ボウの経歴：ジャック・ボウ(Jacques Baud)元スイス参謀本部大佐、元スイス戦略情報部員、東欧諸国の専門家。米英の諜報機関で訓練を受ける。国連平和活動の政策チーフを務める。法の支配と治安制度の国連専門家として、スーダンで初の多次元国連情報ユニットを設計、指揮した。アフリカ連合にも勤務し、NATOでは5年間、小型武器の拡散防止を担当した。NATO内では、2014年のウクライナ危機をフォローし、その後、ウクライナ支援プログラムに参加。諜報、戦争、テロに関する著書がある。

19 ジャック・ボウの論文『戦争への道』2022年5月5日
https://www.globalresearch.ca/the-military-situation-in-the-ukraine/5778420
「2021年3月24日、ヴォロディミル・ゼレンスキーはクリミア奪還のための政令を発し、軍隊を南部に展開しはじめた。同時に、黒海とバルト海の間でNATOの演習が数回行われ、それに伴いロシア国境沿いの偵察飛行が大幅に増加した。ミンスク合意に反して、ウクライナはドンバスで無人機を使った空爆を行っており、2021年10月には、ドネツクの燃料貯蔵所を攻撃している。アメリカのマスコミはこのことを指摘したが、ヨーロッパのマスコミは指摘せず、誰もこれらの違反を非難しなかった……ジョー・バイデンはウラジーミル・プーチンを、ドンバスを軍事的に助けて国際問題を引き起こすか、ドンバスのロシア語圏の人々が潰されるのを傍観するかという難しい選択の前に立たせた。」

20 同上

21 同上

22 同上
「アメリカとヨーロッパの政治指導者たちは、ロシアに政治的打撃を与えるという目的だけで、あらかじめ負けるとわかっていた紛争にウクライナを意図的に巻き込んだと推測できる。」

23 同上

24 同上
「この対立の根源を探ってみよう。……2014年5月にドネツクとルガンスクの二つ

の自称共和国が行った住民投票は、「独立」の住民投票ではなく、「自決」の住民投票だった。これらの共和国はウクライナからの分離独立ではなく、ロシア語を公用語として使用することを保証する自治権の地位を求めていたのだ。ヤヌコビッチ大統領を打倒した新政府の最初の立法は、ロシア語を公用語とする2012年のキバロフ・コレスニチェンコ法の廃止(2014年2月23日)であったからだ。この決定は、ロシア語圏の人々の間に嵐を巻き起こした。その結果、2014年2月から行われたロシア語圏(オデッサ、ドニエプロペトロフスク、ハリコフ、ルガンスク、ドネツク)に対する激しい弾圧が行われ、事態は軍事化し、いくつかの虐殺(最も顕著だったのはオデッサとマリウポリ)にもつながった。2014年夏の終わりには、ドネツクとルガンスクの自称共和国だけが残った。」

25 国連ウクライナ人権監視団の報告書『紛争に関連する民間人の犠牲者』「西側諸国は長年、キエフ政府によるロシア語を話すウクライナ人の虐殺について沈黙を守り、キエフに圧力をかけようとすることはなかった。この沈黙が、ロシア側に行動を起こさせた。」("Conflict-related civilian casualties," United Nations Human Rights Monitoring Mission in Ukraine.)

26 ジャック・ボウ『戦争への道』
「2014年、私はNATOで、小型武器の拡散問題を担当しており……反政府勢力へのロシアの武器支援があるかどうかを探知しようとしていた。……だが、ロシアから武器が届けられたことはなかった。

ロシア語を話すウクライナ人部隊が反乱軍側に亡命したおかげで、反乱軍は武装することができた。戦車、大砲、対空砲の大隊が自治政府の隊列を膨らませた。このため、ウクライナ側はミンスク合意にコミットすることになったのである。

しかし、ミンスク1の協定に署名した直後、ウクライナのペトロ・ポロシェンコ大統領はドンバスに対して大規模な反テロ作戦を開始した。だが、ウクライナ軍はデバルツェボで大敗し、ミンスク2の協定に関与することを余儀なくされた。

ミンスク1(2014年9月)とミンスク2(2015年2月)合意は、共和国の分離・独立を定めたものではなく、ウクライナの枠組みの中での自治を定めたものだ。だからこそ2014年以降、ロシアはウクライナの内政問題だからと、……その実現を要求してきたのだ。」

27 同上

28 同上

29 同上
「当時のウクライナ軍は悲惨な状態だった。軍隊は幹部の腐敗によって弱体化し、国民の支持を得られなくなったのだ。……若いウクライナ人はドンバスで戦うことを拒否し、海外移住を好んだが、これも少なくとも部分的には、この国の人口不足を説明するものだ。」

30 同上
「ウクライナ国防省は、自国の軍隊をより魅力的なものにするために、NATOに目

をつけた。……私は、NATOからウクライナ軍のイメージ回復のためのプログラムへの参加を要請された。……兵士の不足を補うために、ウクライナ政府は準軍事的な民兵に頼った。民兵は基本的に外国人傭兵で構成されており、極右の過激派であることが多い。ロイター通信によると、2020年にはウクライナ軍の約40%を占め、約10万2000人が所属していたという。彼らは、米国、英国、カナダ、フランスによって武装され、資金を提供され、訓練を受けていた。国籍はスイス人を含む19カ国以上である。欧米諸国はこのように、ウクライナの極右民兵部門を創設し、支援してきた。……これらの民兵が暴力的で、吐き気を催すようなイデオロギーを持ち、猛烈な反ユダヤ主義であることは事実である。……つまり、西側諸国は2014年以降、レイプ、拷問、虐殺など、民間人に対する数々の犯罪を犯した民兵を支援し、武装させ続けてきたのだ。」

31 同上
「ロシアと欧米の関係は、……マイダンのクーデター後の2014年に最初の負の「ピーク」を迎えた。経済制裁は、米国とEUの主要な外交手段となった。ロシアがウクライナ東部に軍事介入したという西側のシナリオは、実証されなかった。私自身も、2014年以降、ドンバスにおけるロシア軍の存在を確認できる情報専門家に会ったことがない。そこでクリミア共和国がロシアの「介入」の主な「証拠」とされた。……クリミア共和国が、ソ連の支配下にあった1991年1月の住民投票によって、ウクライナから分離されたことを、欧米の歴史家たちは見事に無視している。……実際のところ、1995年にクリミア共和国を不法に併合したのはウクライナだ。それなのに、西側諸国はそのことでロシアに経済制裁を加えた……」

32 「ジャック・ボウのインタビュー」The Postil、2022年5月1日
https://www.thepostil.com/?s=Jacques+Baud

■第6章

1 『ロシアを拡張させる。有利な条件での競争』ランド研究所、2019年 『Extending Russia』Rand Corporation 2019
2 同上 p.29
3 同上 pp.21-29
4 同上 pp.14-19
5 同上 p.32
6 同上 p.31
7 N・ゲヴォルクヤンほか『プーチン、自らを語る』扶桑社、2000年
8 「ジャック・ボウ・インタビュー」The Postil, May1, 2022
https://www.thepostil.com/?s=Jacques+Baud
「ナワリヌイ氏の事件で私が気になったのは、西側諸国政府が公平な調査結果を知る前に、ロシアを非難し、制裁を加えることを急いだことです。興味深いのは、ベルリンのシャリテ病院のドイツ人医師が、ナワリヌイの体内から神経ガスを確

認することができなかったことです。……彼はその研究結果を権威ある医学雑誌『ランセット』に発表し、ナワリヌイ氏がおそらく薬などの悪い組み合わせに見舞われたことを明らかにしています。犯罪、つまりロシア政府による毒殺は考えられないということです。」

9 『ロシアを拡張させる。有利な条件での競争』ランド研究所、p.32
「プーチンは野党の存在を有益だと考えている。彼は純粋に国民から人気があると思われたいし、実際に人気者でありたい。そのためには一党独裁は逆効果になると考えている。」

10 同上　p.33

11 同上　p.32

12 同上　pp.14-19

13 同上　pp.14-19

14 同上　pp.14-19

15 同上
これについての報告書の結論は以下になる。「原油価格の低迷を維持し、世界的な増産を促すことは、ロシアを経済的に弱体化させることは間違いない。……ただし、価格や生産量は一国の力ではどうにもならないので、米国はそれを促す策をとることはできても、単独で実現することはできない。」

16 同上
「欧州のガス消費に対するロシアの市場支配力が低下すれば、ロシアは経済的に弱体化することは間違いない。だが、欧州がガスを他で購入するという脅しが、欧州の消費者へのガスの供給を断つというロシアの新たな脅しや行動になる可能性がある。この施策の欠点は、欧州にとって、コストが高くなることだ。」

17 同上
「経済制裁を強化すれば、ロシア経済に大きな打撃を与える可能性がある。一方、一般のロシア市民には不釣り合いな悪影響を与え、エリートは資産を守るために策を弄する可能性がある。注目すべきは、制裁は制裁を行う国の経済にも、害を及ぼす可能性が高いことだ。制裁の効果を最大化するには、多国間である必要がある。一方的な制裁はロシアを経済的に弱体化させるが、米国の重要な同盟国、友人、パートナーを遠ざける可能性がある。」

18 同上
「米国がウクライナへの支援を拡大することは、殺傷力のある兵器支援を含め、ドンバス地域を保持するためにロシアが負担するコストを、血と財の両面で増大させる可能性がある。ウクライナの分離主義者に対するロシアの援助と軍の駐留が必要となり、より大きな支出、装備の損失、ロシア人の死傷者が生じる可能性がある。後者は、国内で大きな議論を呼ぶ可能性がある。」

19 同上
「米国のウクライナへの軍事援助が増加すれば、それに比例してロシアの分離主

義者への援助やウクライナ国内のロシア軍も増加し、紛争が高いレベルで維持される可能性がある。あるいは、ロシアが逆にエスカレートして、より多くの軍隊を投入し、ウクライナ内部に深く入り込むかもしれない。その結果、ウクライナの犠牲者、領土喪失、難民の流出が不釣り合いに大きくなる可能性がある。さらにウクライナを、不利な和平に導く可能性すらある。また、ウクライナに提供された兵器が悪用される危険性もある。ランド研究所がウクライナ大統領のために行った調査では、欧米の軍事援助が悪用される可能性について懸念する理由があることがわかった。最後に、米国がウクライナ支援を強化した場合、欧州の支持を危うくする可能性がある。

2015年のピュー調査によると、フランス人の59％、イタリア人の65％、スペイン人の66％、ドイツ人の77％が、NATOによるウクライナへの武器供与に反対している。米国の軍事支援を拡大すれば、確かにロシアのコストは上がるが、そうすればウクライナの人命や領土の損失が拡大し、和平調停の条件が不利になる可能性がある。そうなるとこれは、一般的に言って、米国の重大な敗北と見なされるであろう。」

20 オースチン米国防長官「ロシア弱体化望む」日本経済新聞2022年4月26日

21 「ジャック・ボウ・インタビュー」The Postll, May 1, 2022
https://www.thepostil.com/?s=Jacques+Baud

22 同上
「ヴォロディミル・ゼレンスキーはロシアとの和平を約束し、大統領選挙で勝利した。問題は、極右狂信者たちが、ゼレンスキーがロシアと和平を結ぼうとすると、殺すと脅したことである」

23 ジャック・ボウ「ジャック・ボウの最新インタビュー」The Postll、2022年9月3日
「ウクライナ義勇軍の司令官ドミトリー・ヤロシュは2019年5月、「ゼレンスキーがプログラムを実行すれば絞首刑になる」と宣言した。」
https://www.thepostil.com/?s=Jacques+Baud

24 同上
「TP：誰もがプーチンがいかに腐敗しているかを語っている？　しかし、ゼレンスキーはどうでしょう？　彼は、私たちが賞賛するように言われている「英雄的な聖人」なのでしょうか？」

「JB：2021年10月、パンドラ文書によって、ウクライナとゼレンスキーがヨーロッパで最も腐敗しており、大規模な脱税を実践していることが明らかになりました。興味深いことに、この文書はアメリカの情報機関の協力で発表されていますが、ウラジーミル・プーチンは言及されていません。」

パンドラ文書　https://www.icij.org/investigations/pandora-papers/

25 同上
「欧米がウクライナに支払った数十億円が、ウクライナの人々に届くとは考えにくい。最近のCBSニュースの報道によると、欧米から供給された武器のうち、戦

場に出回るのは30〜40％に過ぎないという。残りはマフィアやその他の腐敗した人たちを潤す。どうやら、フランスのCAESARシステムや、おそらくアメリカのHIMARSのような、西側のハイテク兵器がロシアに売られているようです。CBSニュースの報道は、欧米の援助を損なわないように検閲されているが、米国がこのような理由でウクライナへのMQ-1Cドローンの供給を拒否したという事実は変わらない。」

26 同上

「現在ロシアはジャベリンミサイルの在庫を世界で一番多く持っていると言われています。それが本当かどうかはわかりませんが、西側から供給された武器の大部分が、ウクライナの戦闘場には届いていないことを示唆しています。」

27 同上

28 同上

「ウクライナの犯罪がソーシャルネットワーク上で明らかにされ始め、3月27日、ゼレンスキーは欧米の支援が危うくなることを恐れた。そして、4月3日に起きたブチャの虐殺事件である。国連安全保障理事会の議長国であった英国は、ブチャの犯罪に関する国際調査委員会の設置を求めるロシアの要請を3度にわたって拒否した。ウクライナの社会党議員イリヤ・キバはテレグラムで、ブチャの悲劇は英国MI6特務機関が計画し、SBUが実行したと明かした。」

29 同上

30 同上

31 JACQUES BAUD Interview by Aaron Mate YouTube「ウクライナの先住民」法案

https://sputniknews.jp/20210723/8563127.html

32 ジャック・ボー「目的はウクライナを助けることではなく、プーチンと戦うこと」2022年6月1日、ポスティルマガジン

33 「ジャック・ボー・インタビュー」May 1, 2022

「2014年から2020年にかけて汚職が急増し、2021年には野党メディアを禁止し、議会の主要野党の党首を収監した。いくつかの国際機関が報告しているように、拷問は常態化しており、野党指導者だけでなくジャーナリストもウクライナ保安庁に追われている。」

■第7章

1 Robert F. Kennedy Jr. “The real Anthony Fauci Bill gates, Big Pharma and the Global War on Democracy and Public Health” Skyhorse Publishing 2021

2 「Video Resurfaces of Fauci Warning ‘Household Contact’ with AIDS Patients Could Put Kids at Risk」

「国立アレルギー感染症研究所のアンソニー・ファウチ所長が、すでにエイズに罹

患している人との「密接な接触」だけでも感染する可能性があると警告する古い動画がSNSに出回っている。「小児感染症についての会話の中で、ファウチは、子供の密接な接触が家庭内であるならば、……必ずしも、親しい性的接触や針の共有でなくても、通常の対人関係の中で見られるような、ごく普通の接触でも感染する」

3 “The real Anthony Fauci”, p.151

4 同上　p.152

5 同上　p.152

6 ブレント・W・レオン “Anatomy of an Epidemic”『伝染病の解剖・AIDsは存在しない』
https://houseofnumbers.com/
Peter H. Duesberg “Inventing the AIDS Virus” Brilliance Audio, 2013

7 『伝染病の解剖・AIDsは存在しない』

8 “Inventing the AIDS Virus”

9 John Lauritsen, “The AIDS War” Propaganda, Profiteering and Genocide from the Medical-Industrial Complex ASKLEPIOS 1993, p.168

10 同上

11 “Inventing the AIDS Virus”

12 Jon Rappoport, “AIDS INC. Scandal of the Century” Namaste Publishing 2004, pp.123-134

13 Jon Rappoport「マトリックス3部作」第1部

14 同上
「プロパガンダ専門家は資金提供先を明かしていないが、少なくとも誰でも顔を確認できる著名な人物だ。例えばビル・ゲイツとかデービッド・ロックフェラーのような財団の持ち主だ。」

15 『伝染病の解剖・AIDsは存在しない』
https://houseofnumbers.com/

16 同上

17 同上

18 “Inventing the AIDS Virus”
“The real Anthony Fauci” p.134

19 “The real Anthony Fauci” pp.126-134

20 同上　pp.126-135　“An Uncensored History of AIDs”, by Celia Farber

21 同上　p.215

22 同上　pp.135-143

23 同上　pp.135-143

24 “The AIDS War” p.102, 204, 206, 426, 449

25 『ダラス・バイヤーズ・クラブ』2013年

26 “The real Anthony Fauci” pp.19-30
27 同上　pp.42-43
28 Nick Corbishley, “As US Prepares to Ban Ivermectin for Covid-19, More Countries in Asia Begin Using It,” Naked Capitalism (September 7, 2021), https://www.nakedcapitalism.com/2021/09/as-us-prepares-to-ban-ivermectin-for-covid-19-more-countries-in-asia-begin-using-it.html?utm_source=dlvr.it&utm_medium=twitter
29 Justus R. Hope, M.D., “Ivermectin crushes Delhi cases,” The Desert Review (May 18, 2021; updated September 8, 2021)
https://www.thedesertreview.com/opinion/letters_to_editor/ivermectin-crushes-delhi-cases/article_31f3afcc-b7fa-11eb-9585-0f6a290ee105.html
30 「イベルメクチン、誤った科学が生んだ新型ウイルス「特効薬」」BBC記事、2021年10月9日
31 『BBCの嘘・イベルメクチン』ジョン・キャンベル博士　YouTube
https://www.youtube.com/watch?v=zy7c_FHiEac
32 同上
33 同上
34 プレスリリース：https://www.kowa.co.jp/news/2022/press20220926.html
35 メルリ・ナス博士インタビュー
https://merylnassmd.com/
https://www.unz.com/audio/kbarrett_meryl-nass-on-big-pharma-funded-fake-science/
36 同上
37 “The real Anthony Fauci” p.283
38 同上　p.283
39 同上　p.390
40 同上　p.407
41 同上　p.413
42 同上　p.412
43 日本経済新聞
44 declassifieduk からのメールニュース
https://declassifieduk.org/?s=bill+gates
45 *“The real Anthony Fauci”, p.302*
46 同上　p.303
47 同上　p.430
48 同上　p.434
49 同上　p.433

■第8章

1 新型コロナ「米中合作の可能性」
https://www.rieti.go.jp/jp/papers/contribution/fuji-kazuhiko/296.html
2 ニューヨークタイムズ　2019年8月5日
3 「米国CDCの調査」
https://www.cdc.gov/tobacco/basic_information/e-cigarettes/severe-lung-disease.html
4 フランスのテレビ局の深夜番組で、個人的に何度も見たが、現在ではYouTubeで見つけられなかった。
5 https://www.youtube.com/watch?v=EF2_njIRlVA
6 https://coldwelliantimes.com/eilmeldung/dr-judy-mikovits-since-1980-all-viruses-are-bioweapons-that-have-been-created-in-laboratories/
7 「新型コロナは本当に恐ろしいウイルスなのか？」
https://president.jp/articles/-/37994?page=1
8 Biden's CDC Director 75 Percent Of COVID Deaths Were In "Unwell" People With "Four Comorbidities" 2022
https://www.youtube.com/watch?v=MJRNMlgltN0
9 ビル・トッテンの講演スライド
https://www.ashisuto.co.jp/corporate/information/bill-totten/__icsFiles/afieldfile/2023/03/10/2023_BillTottenSpeechSlide.pdf
https://www.ashisuto.co.jp/corporate/information/bill-totten/__icsFiles/afieldfile/2022/03/07/2022_BillTottenSpeechSlide.pdf
10 「厚生労働省」
https://www.mhlw.go.jp/stf/seisakunitsuite/bunya/0000164708_00001.html
11 イベルメクチンとは？　注目のコロナ治療薬が日本で許可されない理由
https://www.joqr.co.jp/qr/article/16625/
12 2023年1月26日にビル・ゲイツはオーストラリアのローウイ研究所でのスピーチで、次のような発言をしている。「私たちは、(COVID-19)ワクチンの3つの問題点を解決する必要があります。現在のワクチンは、感染をブロックできません。そして、持続時間が非常に短く、特に重要な人たち、つまり老人を守れません」
Bill Gates with Fareed Zakaria: How to Prevent the Next Pandemic
https://www.youtube.com/watch?v=cuNWRoHRzkU
13 Edward Dowd, "CAUSE UNKBOWN" CHD Books 2022, p.81
14 ビル・トッテンの講演スライド
https://www.ashisuto.co.jp/corporate/information/bill-totten/__icsFiles/afieldfile/2023/03/10/2023_BillTottenSpeechSlide.pdf
15 ビル・トッテンの講演スライド

https://www.ashisuto.co.jp/corporate/information/bill-totten/__icsFiles/afieldfile/2022/03/07/2022_BillTottenSpeechSlide.pdf
16 「対策ゼロなら40万人死亡」
https://www.nikkei.com/article/DGXMZO58067590V10C20A4CE0000/
17 政府は、疫学者の予測におびえて都市封鎖した。
https://www.newsweekjapan.jp/stories/world/2020/05/post-93507.php
18 Iain Davis "PSUDO PANDEMIC" 2021, p.58
19 WHO「今年の冬、コロナによって欧州で50万人死亡する可能性」
https://s.japanese.joins.com/JArticle/284543?sectcode=A00&servcode=A00
20 「2002年　BSE（狂牛病）　牛肉のBSEへの曝露により50～55万人が死亡し、ヒツジに広がった場合はさらに15万人増える恐れがあると予測。実際にはイギリスでの死者は200人未満。2005年　鳥インフルエンザ　鳥インフルエンザで最大2億人が死亡する可能性があると主張。実際に死亡したのはわずか数百人。2009年　新型インフルエンザ　新型インフルエンザの致死率を0.4%と予測。最悪のシナリオではイギリスで6万5000人が死亡すると警鐘を鳴らしたが、実際には457人だった。」
https://news.yahoo.co.jp/byline/kimuramasato/20200506-00177154
21 「グラフで見るイギリスの死亡率の推移」
https://graphtochart.com/population/united-kingdom-deathrate.php#latestdeathrate
22 ビル・トッテンの講演スライド
死者数：厚生労働省 人口動態調査、人口：総務省統計局
23 クラウス・シュワブ, ティエリ・マルレ『グレート・リセット』日経ナショナル ジオグラフィック、2020年、序文
24 "Pseudo Pandemic" 2章、pp.xxi-xxxv
25 同上
26 同上
27 同上　16章　pp.224-234
28 同上　26章　pp.366-376
29 Bill Gates with Fareed Zakaria : How to Prevent the Next Pandemic
https://www.youtube.com/watch?v=cuNWRoHRzkU
30 "Pseudo Pandemic" 28章、pp.387-400
31 デスメット教授インタビュー　WHY DO SO MANY STILL BUY INTO THE NARRATIVE?
https://www.youtube.com/watch?v=uLDpZ8daIVM
32 同上
33 同上

34 同上
35 同上
36 Welcome to 2030. I own nothing, have no privacy, and life has never been better
https://web.archive.org/web/20161125135500/https://www.weforum.org/agenda/2016/11/shopping-i-can-t-really-remember-what-that-is
37 (TNI)(信頼できるニュースグループ)
https://www.bbc.co.uk/beyondfakenews/trusted-news-initiative/
38 Edward Dowd "CAUSE UNKNOWN The Epidemic of Sudden Deaths in 2021 and 2022"(原因不明:突然死の流行:2021年・2022年) p.94
39 "CAUSE UNKNOWN The Epidemic of Sudden Deaths in 2021 and 2022"
40 同上 p.1
41 同上 pp.2-3
42 同上 p.119
43 同上 p.53
44 同上 p.48
45 同上 p.49
46 同上 p.48
47 2023年1月26日にビル・ゲイツはオーストラリアのローウイ研究所でのスピーチで、次のような発言をしている。「私たちは、(COVID-19)ワクチンの3つの問題点を解決する必要があります。現在のワクチンは、感染をブロックできません。そして、持続時間が非常に短く、特に重要な人たち、つまり老人を守れません」
48 厚生労働省 https://www.mhlw.go.jp/content/000927280.pdf
49 "CAUSE UNKNOWN The Epidemic of Sudden Deaths in 2021 and 2022" pp.85-88
50 同上 p.81,pp.128-137
51 同上 p.49
52 New Israeli Study Finds Fully Vaccinated People are at "Greater Risk of Hospitalization" and 13 TIMES MORE LIKELY to Catch Covid-19 Than Those Who Have Recovered and Have Natural Immunity.
http://web.archive.org/web/20210829204937/https://www.thegatewaypundit.com/2021/08/new-israeli-study-finds-fully-vaccinated-people-greater-risk-hospitalization-13-times-likely-catch-covid-19-recovered-natural-immunity/
53 "CAUSE UNKNOWN The Epidemic of Sudden Deaths in 2021 and 2022" p.40、心臓専門医ピーター・マッカロー博士
54 「グローバルな課題に備える。ビル・ゲイツとの対話」

https://www.lowyinstitute.org/event/preparing-global-challenges-conversation-bill-gates

55 Bill gates criticized Novak Djokovic and his coach responds to him.
https://tennis-shot.com/bill-gates-criticized-novak-djokovic/

56 「ビル・ゲイツ氏、mRNA注射は実際には役に立たないと結論づけ、次のパンデミックを警告」
https://dossier.substack.com/p/bill-gates-concludes-that-mrna-shots

■第9章

1 峰宗太郎・山中浩之『新型コロナとワクチン。知らないと不都合な真実』日経プレミアシリーズ、2022年、pp.98-102

2 母里啓子『インフルエンザ・ワクチンは打たないで！』双葉社、2007年
「現行のインフルエンザ・ワクチンには致命的な欠点があります。このワクチンは、「感染を防げない」のです。最近は「自分がインフルエンザにかからないためでなく、家族や周囲の人にうつさないように予防しましょう」と、インフルエンザ・ワクチンが勧められることも増えてきています。まるでインフルエンザ・ワクチンを打つのが家庭愛の証であり、社会人としてのマナーであるかのような言われ方です。けれども、この言い方は論理的に完全に間違っているのです。」

3 「自然感染の場合に強固な免疫ができるのに比べ、インフルエンザ・ワクチンの場合、ワクチンによってできた抗体は、2ヶ月ほどで減り始め、たったの5ヶ月程度で消えてしまいます。インフルエンザ・ウイルスは限りなく変異を続けているし、ワクチンでは喉や鼻からの感染を防ぐことができない。お金を払って痛い思いをしても、5ヶ月で抗体は消えてしまう。そんなワクチンを打つ必要がありますか。」

4 「打ったインフルエンザ・ワクチンが、重症化をある程度防いだかどうかなど、わかるわけがありません。「打ったから軽く済んだ」と言う言葉には、何の根拠もないのです。データの裏づけがないままに言われていることです。高齢者へのワクチン接種率が80％に届くほどのアメリカでは、いまだに高齢者の平均年齢が上がっていません。インフルエンザによる肺炎が少なくなっているという報告もありません。」

5 母里博士の言葉だと次のようになる。
「運悪くインフルエンザにかかったとしても、滅多なことでは死には至らないし、後遺症が残るようなこともありません。それなのにワクチンを打ったことで後遺症が残ってしまっては後悔しても仕切れないでしょう。

実際に今でも副作用は起こっているのです。そしてインフルエンザ・ワクチンは、決して「体に良いもの」ではありません。「何もしないよりも打っていた方が良いもの」でもありません。「何もしない方がはるかに安全」と言うのが私の意見です。」

6 『インフルエンザ・ワクチンは打たないで！』pp.182-184

7 同上　pp.8-9

8 同上　pp.11-13

9 ……母里博士の言葉だと次のようになる。
「ワクチンでインフルエンザ・ウイルスを撲滅することは不可能です。インフルエンザ・ウイルスはこの世から永遠に無くなりません、永遠にインフルエンザの商売はやっていられます。インフルエンザは怖いよ、怖いよ、と脅し続ければ、永遠にワクチンを売り続けることができるのです。」
10 同上　pp.130-132
11 同上　pp.134-140
「ウイルス学者にとって、インフルエンザ・ワクチンの無効性は分かりきったことだったのです。どうして学者たちが何も言わなくなってしまったのか、ここには現代の社会の様々な問題が絡みあっていると思われます。」
12 Thomas Cowan, MD “Vaccines, Autoimmunity and the Changing Nature of Childhood Illness” Chelsea Green Publishing 2018（トーマス・コーワン『ワクチン、自己免疫、そして変わりゆく小児疾患の本質』）p.13
13 Dr. Judy Mikovits & Kent Heckenlively, JD “Plague of Corruption” Skyhorse Publishing 2020（ジュディ・マイコビッチ博士『背徳という疫病』）Introduction
14 同上　p.XXVI
15 同上　p.XXII
16 同上　p.XXIII
17 同上　pp.67-75
18 同上　pp.78-96
19 同上　pp.78-96
20 同上　pp.78-96
21 同上　pp.78-96
22 “Vaccines, Autoimmunity and the Changing Nature of Childhood Illness” pp.13-14
23 同上　pp.83-95
24 同上　pp.83-95
25 同上　pp.83-95
26 “Plague of Corruption” 序文
27 “Vaccines, Autoimmunity and the Changing Nature of Childhood Illness” pp.83-95
28 同上　p.12
29 母里啓子『もうワクチンはやめなさい』双葉社、2014年
30 “Vaccines, Autoimmunity and the Changing Nature of Childhood Illness” pp.96-104
31 同上　p.65
32 同上　p.2

33 インドの庶民を激怒させたビル・ゲイツ…大富豪はこの国に何をした。
https://www.newsweekjapan.jp/stories/world/2021/07/post-96619_3.php
34 R.B. Pearson "Pasteur: Plagiarist, Imposter" 1923『パストゥール：盗作者で詐欺師』R・ピアソン、1923年初版
35 Ethel D. Hume "Bechamp or Pasteur? A Lost Chapter in the History of Biology" 1942　エセル・ダグラス・ヒューム『ベシャンかパストゥールか？』1942年初版
36 Thomas S. Cowan, MD, And Sally Fallon Morell "The Contagion Myth" Why Viruses (including "Coronavirus") are not the cause of Disease. Skyhorse Publishing 2020
37 "Bechamp or Pasteur?" pp.12-13
38 同上　pp.12-13
39 山内一也『ウイルスの意味論』みすず書房、2018年、pp.25-26
40 同上　p.65
41 同上　p.71
42 Dawin Lester & David Parker "What Really Makes You Ill?"　Why everything you knewabout disease is wrong. 2019
43 Torsten Engelbrecht, Dr, Claus Kohnlein, Dr. Samantha Bailey, MD, Dr, Stefano Scoglio, BSc Phd,"Virus Mania" 2021『ウイルス・マニア』
44 同上　pp.14-17
45 同上　pp.14-17

■第10章

1 益尾知佐子『中国の行動原理』中公新書、2019年　pp.39-40、第6章
2 ジョー・ハイムス『ジョージ・ブッシュの太平洋戦争』一光社、1991年
3 岡田年正『大東亜戦争と高村光太郎』、ハート出版、2014年
真珠湾攻撃の時に詩人の高村光太郎は、次のような詩を作った。彼のこの詩は明治生まれの日本人の思いをよく伝えていると思う。

十二月八日

記憶せよ、十二月八日。
この日世界の歴史あらたまる。
アングロ・サクソンの主権、
この日東亜の陸と海とに否定さる。
否定するものは彼等のジャパン、
眇たる東海の国にして
また神の国たる日本なり。

そを治(しろ)しめしたまふ明津御神(あきつみかみ)なり。
世界の富を壟断するもの、
強豪米英一族の力、
われらの国に於て否定さる。
われらの否定は義による。
東亜を東亜にかへせといふのみ。
彼等の搾取に隣邦ことごとく瘦せたり。
われらまさに其の爪牙を摧かんとす。
われら自ら力を養ひてひとたび起つ、
老若男女みな兵なり。
大敵非をさとるに至るまでわれらは戦ふ。
世界の歴史を両断する。
十二月八日を記憶せよ。
(詩集『大いなる日に』)

英米支配者層を叩き潰さねばならない、と考えたのは高村光太郎だけではない。同時代の他の詩人たちも似たような気持ちであった。まずは平和人道主義を標榜した白樺派の武者小路実篤だ。

……/米英は亜細亜の民を歓迎せず/しかも自分たちは亜細亜の君主になる資格があるように思っているのだ。/その非望を彼らは心から悔悟し/その罪を謹んで謝罪せねばならぬ。/しかしそれを彼らにわからすのには/武力あるのみである。/勝て、勝て、勝て、どこまでも勝て……
(大東亜戦争第二年の春を迎えて)

詩人堀口大学も、亜細亜全体に対して想いを広げた詩を詠んだ。

亜細亜九億の同胞よ/今東洋の夜は明ける/(一行空き)/それはあまりに素晴らしく/それはあまりに美しく/君らが夢にもみなかった/大きな理想を実現し/見事にあける朝明けだ/(四連)/亜細亜九億の同胞よ/今こそ君らの立つ時だ/(一行空き)/差し伸べるこの手にすがれ/しっかりと剣を組んで/万難排して共に進もう
(「呼びかける」/『堀口大学全集』第九巻)

4 オリバー・ストーン&ピーター・カズニック『オリバー・ストーンが語るもう一つのアメリカ史』ハヤカワ文庫、第一巻、p.245
5 同上 pp.250-251
6 アーサー・シュレジンガー『アメリカ大統領と戦争』岩波書店、2005年、pp.55-81

7 同上 p.51
8 同上 p.51
9 同上 p.53
10 『オリバー・ストーンが語るもう一つのアメリカ史』第一巻、pp.328-330
11 同上 pp.259-270
12 同上 p.390
13 同上 pp.341-343
「米国の歴史学者のアラン・ネバンスは「わが国の歴史上、日本人ほど忌み嫌われた敵はいないだろう」と戦後に書いている。戦時中にアメリカが使ったプロパガンダは、邪悪なナチス指導者と、「善良なドイツ人」を慎重に区別していたが、こうした区別は日本人には用いられなかった。有名な従軍記者アーニー・パイルは述べた。「ヨーロッパでは、我々の敵がどれほど残忍で凶暴であろうとも、まだ人間だった。しかしここでは日本人は人間以下とみなされ、ゴキブリやネズミのように嫌悪されていることに私は程なく気がついた。」
14 同上 p.344
「1944年初め、アメリカ政府は2年前に起きたバターンの「死の行進」で、アメリカやフィリピンの戦争捕虜が残酷な扱いを受けたという情報を公開した。やがて口にするのも憚れるような日本人の残虐性—拷問、磔、去勢、手足の切断、断首、人を生きたまま焼いたり、生きたまま埋めたりする行為、生体解剖、捕虜を木に縛り付けて行う銃剣の稽古—を巡る逸話がメディアにあふれた。こうして戦争初期には日本人に対する怒りだったものが、太平洋方面でのアメリカ軍の苦戦が伝えられるようになると卑劣な憎悪にその姿を変えた。」
15 同上 p.357
「日本人学者の田中利幸(たなかとしゆき)によれば、アメリカは日本の100以上の町に焼夷弾を落としたという。富山市では市内の99.5パーセントが壊滅状態となり、ヘンリー・スティムソン陸軍長官は「アメリカが残虐行為においてヒトラーを上回ると誹謗されるのは見たくない」とトルーマンに告げている。」「ボナー・フェラーズ准将は、日本への空爆を「人類史上最も残忍で野蛮な非戦闘員殺伐」と呼んだ。ヘンリー・アーナルド陸軍元帥は「アメリカ人の90％は日本人殲滅も厭わなかっただろう」と思っていた。」
16 同上 p.357
17 「東京大空襲の指揮官に勲章を贈った日本」
https://wedge.ismedia.jp/articles/-/22939?page=3

■第11章

1 Seymour Hersh “Unveils the ‘Mystery’ of the Nord Stream Pipeline” 2023
https://www.telesurenglish.net/news/Seymour-Hersh-Unveils-the-

Mystery-of-the-Nord-Stream-Pipeline-20230208-0011.html

2 『ノルド・ストリームを破壊する』バイデン大統領のスピーチ
https://www.youtube.com/watch?v=KoomA4wSeUE

3 "Unveils the 'Mystery' of the Nord Stream Pipeline"

4 同上
「CIAのワーキンググループは、深海潜水士を使ってパイプラインを爆発させるという秘密作戦の計画を練り始めた。訓練はフロリダ州南西部のパナマシティにある米海軍の潜水救助センターで行われた。ノルウェーは作戦の拠点として最適の場所だった。ノルウェー海軍は、デンマークのボーンホルム島から数マイル離れたバルト海の浅瀬にある適切な場所をいち早く探し出した。6月に行われる演習は、「バルト海作戦22」と呼ばれるものである。ノルウェー側は、この演習が機雷を設置するための理想的な隠れ蓑になると提案した。ボーンホルム島沖で行われるこの海上演習では、NATOのダイバーチームが機雷を設置し、最新の水中技術で機雷を発見・破壊して競い合うというプログラムが実施された。2022年9月26日、ノルウェー海軍のP8偵察機が一見、日常的な飛行を行い、ソナーブイを投下した。ブイからの信号は水中に広がり、最初はノルドストリーム2、そしてノルドストリーム1へと広がった。数時間後、高出力C4爆薬が作動し、4本のパイプラインのうち3本が使用不能に陥った。数分後には、パイプラインに残っていたメタンガスが水面に広がり、取り返しのつかないことが起きたことを世界中に知らしめた。」

5 セルゲイ・ショイグ国防大臣「核兵器は抑止が目的、ウクライナで使用の必要ない」ロイター通信
https://jp.reuters.com/article/ukraine-crisis-russia-shoigu-idJPKBN2PM0GX

6 オリバー・ストーン「プーチン・インタビュー」DVD　ギャガ GAGA, 2017年

7 クレムリン
http://en.kremlin.ru/

8 ダグラス・マクレガー
https://www.youtube.com/@douglasmacgregorcolonel

9 アムネスティ「市民を危険に晒す、ウクライナ軍の戦術」2022年8月4日
https://www.amnesty.or.jp/news/2022/0810_9657.html

10 ジャック・バウ　"The goal is not to help Ukraine, but to fight Putin" *Originally published :* The Postil Magazine on June 1, 2022 by Jacques Baud

11 Our Latest Interview with Jacques Baud? The Postil Magazine September 1, 2022

12 『第三次世界大戦はもう始まっている』p.17, 204, 83, 142

13 同上　p.32

14 アメリカの「国家安全保障戦略」(2022)を読む
https://www.dlri.co.jp/report/ld/211293.html
15 21世紀政策研究所「現代中国理解の要所」2019年7月「安全保障面から見た中国外交の基軸」p.180
「貿易戦争がトランプ大統領の思いつきであるとの観測は誤りである。我々は、今現在、米国が総合的な対中「戦争計画」に基づき、経済を武器とする対中貿易戦争を戦っていることを忘れてはならない」
16 米国ランド研究所『世界の覇権を狙う中国』2021年、pp.31-37
17 同上　p.XV
18 同上　p.57
19 同上　p.33
20 21世紀政策研究所「現代中国理解の要所」2019年、p.169
「中国の軍事戦略である「近接阻止・領域拒否」は、総合力でいまだ米国に比肩できない中国が、弱者でありながら米国と対等に渡り合うことを主眼とした戦略で……「弱者の戦略」と言われている。」
21 RAND Corporation "The Return of Great Power War. Scenarios of Systemic Conflict Between the United States and China" 2021 October. pp.115-118　ランド研究所「大国の戦争の再来」
22 田原牧論説委員、東京新聞「視点」2023年2月2日「首相訪米と台湾有事　思考停止が招く危うさ」
23 『フォーリン・アフェアーズ・レポート』(2023年2月号)
24 エマニュエル・トッド『我々はどこから来て、今どこにいるのか?』文藝春秋、2022年、p.12
25 ジェームズ・ビアマン中将「中国が「台湾侵攻」なら即応……米国、沖縄に海兵沿岸連隊創設」
https://s.japanese.joins.com/JArticle/299776?sectcode=A00&servcode=A00

■第12章

1 ハンガリーの首相『対ロ制裁で「欧州経済は息も絶え絶え」』
https://www.afpbb.com/articles/-/3414832
2 マイケル・ハドソン
https://billtotten.wpcomstaging.com/?s=hudson
https://michael-hudson.com/
3 セルゲイ・グラツィエフ「100年に一度の出来事」
https://www.business-gazeta.ru/article/544773
Events like this happen once a century : Sergey Glazyev 2020
https://thesaker.is/events-like-this-happen-once-a-century-sergey-

glazyev-on-the-breakdown-of-epochs-and-changing-ways-of-life/

4　全文は「賀茂川耕助のブログ」に掲載されている。2022年12月15日にドイツ・ラジオ局インタビュー。

5　ラナ・フォルファー女史「石油で進む人民元・新秩序」2023年1月6日、日本経済新聞

6　同上

7　エレン・ブラウンのブログ「ペトロダラーの台頭と崩壊」
「米ドルは1944年のブレトンウッズ会議で世界の基軸通貨として採用された。その時の合意は、ドルは1オンス＝35ドルで金と交換されるというものであった。しかし、リンドン・ジョンソン大統領が、ベトナム戦争と国内の「偉大なる社会」プログラムで資金を使い果たし、約束は破綻した。フランスのドゴール大統領は、アメリカの資金不足を懸念して、フランス所有のドルの大部分を金と交換すると脅しをかけ、他の国もそれに追随した。1971年、ニクソン大統領は、米国の金準備の流出を避けるため、ドルと金の兌換を停止した。その結果、ドルの価値は他の通貨に比べて急落した。そこでニクソンとキッシンジャー国務長官は、サウジアラビアやOPEC諸国と、「OPECは、石油をドル建てでしか売らない。入金したドルは、ウォール街やロンドンシティの銀行に預ける」という取り決めをした。その見返りとして、アメリカはOPEC諸国を軍事的に防衛することになった。2000年、サダム・フセインがイラクの石油をユーロ建てで売り、この協定を破るまで、この協定は堅持された。リビアのオマル・カダフィ大統領もイラクに続いた。両大統領は暗殺され、二国はアメリカとの戦争で壊滅的な打撃を受けた。」

8　拡大するドル取引回避の動き
https://www.iima.or.jp/docs/newsletter/2022/nl2022.17.pdf

9　セルゲイ・グラツィエフ「100年に一度の出来事」
https://www.business-gazeta.ru/article/544773
Events like this happen once a century : Sergey Glazyev 2020
https://thesaker.is/events-like-this-happen-once-a-century-sergey-glazyev-on-the-breakdown-of-epochs-and-changing-ways-of-life/

■第13章

1　米国：建国後239年のうち平和だったのは17年だけ。93％は戦争中
https://www.globalresearch.ca/america-has-been-at-war-93-of-the-time-222-out-of-239-years-since-1776/5565946

2　ヘンリー・ウォレス「庶民の世紀」スピーチ、1942年5月
https://www.google.com/search?q=a+century+of+common+men&oq=a+century+of+common+men&aqs=chrome..69i57j69i64l3j69i60.10207j0j7&sourceid=chrome&ie=UTF-8#fpstate=ive&vld=cid:1948a80d,vid:OBWula5GyAc

3 安藤次男教授「異端の副大統領ヘンリー・A・ウォーレス」
https://www.ritsumei.ac.jp/ir/isaru/assets/file/journal/19-3_andou.pdf
4 同上
5 ケネディ元大統領のおい、民主党候補指名争いに出馬表明　24年米大統領選
https://sp.m.jiji.com/article/show/2930732
6 "US Foreign Policy Has Collapsed." RFK Jr. Pledges to Close 800 US Bases and Bring American Troops Home
https://www.globalresearch.ca/us-foreign-policy-has-collapsed-rfk-jr-pledges-close-800-us-bases-bring-american-troops-home/5817951
7 Smedley D. Butler "WAR IS A RACKET" LIGHTNING SOURCE UK. LTD, 2018
8 言論NPOが2021年に行った「第17回日中共同世論調査」
https://www.genron-npo.net/
9 米国オピニオン誌「新展望」インタビュー
10 エーリッヒ・ショイルマン『パパラギ　はじめて文明を見た南海の酋長ツイアビの演説集』立風書房、1981年、p.117
11 同上　p.49, 27
12 阿部珠理「アメリカ先住民から学ぶ」「アメリカ先住民の精神世界」「大地の声―アメリカ先住民の知恵のことば」などから抜粋
13 David E, Stannard, "American Holocaust" The conquest of the new world. OXFORD UNIVERSITY PRESS, 1992　第2章、p.23
14 グラハム・ハンコック『人類先史』下巻　双葉社、2020年
15 米国オピニオン誌「新展望」インタビュー

■最終章

1 クリス・パッテン『東と西』共同通信社、1998年
2 同上　p.140
3 同上　p.386
4 Caroline Elkins, "LEAGCY OF VIOLENCE A history of the British Empire" KNOPE 2022
5 Caroline Elkins, "IMPERIAL RECKONING The Untold Story of Britain's Gulag in Kenya" Henry Holt and Company, 2006
6 Shashi Tharoor, "AN ERA OF DARKNESS The British Empire in India" ALEPHA BOOK COMPANY, New Delhi 2016
7 Dr Shashi Tharoor MP - Britain Does Owe Reparations.
https://www.youtube.com/watch?v=f7CW7S0zxv4&t=3s
8 British Raj siphoned out $45 trillion from India: Utsa Patnaik
https://www.livemint.com/Companies/HNZA71LNVNNVXQ1eaIKu6M/

British-Raj-siphoned-out-45-trillion-from-India-Utsa-Patna.html

9 How British colonialism killed 100 million Indians in 40 years
https://www.aljazeera.com/opinions/2022/12/2/how-british-colonial-policy-killed-100-million-indians

10 Shashi Tharoor, “INGLORIOUS EMPIRE What the British Did to India” Penguin Random House UK 2016, pp.1-35

11 British empire killed 165 million Indians in 40 years: How colonialism inspired fascism
https://geopoliticaleconomy.com/2022/12/12/britain-100-million-india-deaths-colonialism/

12 『東と西』p.395, 398

13 「中国の幸福度は世界最高」市場調査会社イプソス、2023年
http://j.people.com.cn/n3/2023/0320/c94476-10224896.html
https://topics.smt.docomo.ne.jp/article/recordchina/business/recordchina-RC_911068?redirect=1

14 「政府の信頼度。ドイツ下落、中国トップ」Newsweek誌、2022年1月18日
https://www.newsweekjapan.jp/stories/world/2022/01/post-97879.php

15 「2018年人権の現状」イプソス
https://www.ipsos.com/ja-jp/human-rights-2018
「イプソスが世界28か国を対象にアンケート調査を実施したところ、「自国では、全ての人が同一の基本的人権を享受している」と回答した調査対象者は43%にとどまりました。これによって、先進国とされている国においても、普遍とされている人権の実態に疑問が投げかけられたことになります。この項目に「どちらでもない」と回答したのは20%、「そう思わない」と回答したのは33%でした。興味深いのは、ドイツ(63%)と中国(63%)の賛同傾向が最も高く、南アフリカ(25%)とイタリア(28%)が最も低かったことです。」

16 『誰が世界を支配しているのか?』pp.69-87

17 人権の及ばない場所―グアンタナモ基地では一体何が起きている
http://hrn.or.jp/activity2/guantanamo_report_Kazuko_Ito.pdf

18 アブグレイブ刑務所でのイラク人虐待事件
https://ja.wikipedia.org/wiki/%E3%82%A2%E3%83%96%E3%82%B0%E3%83%AC%E3%82%A4%E3%83%96%E5%88%91%E5%8B%99%E6%89%80%E3%81%AB%E3%81%8A%E3%81%91%E3%82%8B%E6%8D%95%E8%99%9C%E8%99%90%E5%BE%85
http://www.asahi.com/special/iraqrecovery/TKY200405090212.html

19 ジャック・バウ　Our latest Interview with Jacques Baud 2022/9/1
https://mronline.org/2022/09/03/our-latest-interview-with-jacques-baud/

20 米国の時代に終わりを告げる中露のハイパー兵器と宇宙戦
https://weekly-economist.mainichi.jp/articles/20191126/se1/00m/020/032000c
21 239年間で平和な時は17年　America Has Been at War 93% of the Time.
https://www.globalresearch.ca/america-has-been-at-war-93-of-the-time-222-out-of-239-years-since-1776/5565946
22 America's Jews Are Driving America's Wars
https://www.unz.com/pgiraldi/americas-jews-are-driving-americas-wars/
23 West vs the rest : World opposes sanctions, only US & Europe support them
https://geopoliticaleconomy.com/2023/04/06/west-sanctions-un-human-rights-council/
24 Sanctions 'undermine hegemony of dollar', US Treasury admits
https://geopoliticaleconomy.com/2023/04/17/sanctions-hegemony-dollar-us-treasury-yellen/
25 同上
26 同上
27 同上
28 NHK調査「世界のワクチン接種状況」
https://www3.nhk.or.jp/news/special/coronavirus/vaccine/world_progress/
29 "Cause Unknown" pp.88-89
30 「今こそイベルメクチンをつかえ」東京医師会の尾崎治夫会長が語った
https://www.yomiuri.co.jp/choken/kijironko/cknews/20210818-OYT8T50030/
31 WHO's Worldwide Power Grab
https://www.globalresearch.ca/who-worldwide-power-grab-beware-new-international-health-regulation-pandemic-treaty-health-tyranny-never-heard-before-human-history/5816746
The Most Dangerous International Treaty Ever Proposed
https://www.globalresearch.ca/most-dangerous-international-treaty-ever-proposed/5816940
32 世界の人口を減らそうとする億万長者達
https://www.wsj.com/articles/BL-WHB-1322
33 WHO's Worldwide Power Grab
https://www.globalresearch.ca/who-worldwide-power-grab-beware-new-international-health-regulation-pandemic-treaty-health-tyranny-

never-heard-before-human-history/5816746
34 A BRICS Reserve Currency:
http://infobrics.org/post/37155/
35 BRICS Bank de-dollarizing
https://geopoliticaleconomy.com/2023/04/15/brics-bank-dollar-local-currencies-dilma/
36 Countries worldwide are dropping the US dollar
https://geopoliticaleconomy.com/2023/04/06/dedollarization-china-russia-brazil-asean/
37 BRICS Bank de-dollarizing
https://geopoliticaleconomy.com/2023/04/15/brics-bank-dollar-local-currencies-dilma/
38 Countries worldwide are dropping the US dollar
https://geopoliticaleconomy.com/2023/04/06/dedollarization-china-russia-brazil-asean/
39 ケネディ元大統領のおい、民主党候補指名争いに出馬表明　24年米大統領選
https://sp.m.jiji.com/article/show/2930732
40 "US Foreign Policy Has Collapsed." RFK Jr. Pledges to Close 800 US Bases and Bring American Troops Home
https://www.globalresearch.ca/us-foreign-policy-has-collapsed-rfk-jr-pledges-close-800-us-bases-bring-american-troops-home/5817951
41 German leftist lawmaker says US soldiers and nukes must leave her country
https://geopoliticaleconomy.com/2023/03/31/germany-us-soldiers-nuclear-weapons/
42 African Nations Re-iterate Their Request To Join BRICS
https://www.republicworld.com/world-news/africa/african-nations-re-iterate-their-request-to-join-brics-amid-ongoing-global-political-woes-articleshow.html

■あとがき

1 米バイデン大統領が突然「女王陛下万歳！」誰のこと？　異例の演説に周囲困惑。
https://www.youtube.com/watch?v=sQtLSL8gEP0

［著者プロフィール］

大地舜（だいち・しゅん）

翻訳家、ジャーナリスト、青山学院大学卒。主な訳書に『神々の指紋』（小学館文庫）、『人類前史』（双葉社）、『神々の魔術』（KADOKAWA）、『夢を叶える一番良い方法』（PHP研究所）、『誰が世界を支配しているのか？』（双葉社）など40冊。著書に『沈黙の神殿』（PHP研究所）。

■ WEBSITE
https://www.shundaichi.com/
■ YouTube ： Daichi Shun
■ニコニコ動画 ： 大地舜
■ Rumble ： Daichishun
https://rumble.com/user/DaichiShun

欧米の敗北

2023年12月5日　第1刷発行

著　者　大《だい》地《ち》 舜《しゅん》

発行者　太田宏司郎
発行所　株式会社パレード
大阪本社　〒530-0021　大阪府大阪市北区浮田1-1-8
TEL 06-6485-0766　FAX 06-6485-0767
東京支社　〒151-0051　東京都渋谷区千駄ヶ谷2-10-7
TEL 03-5413-3285　FAX 03-5413-3286
https://books.parade.co.jp
発売元　株式会社星雲社（共同出版社・流通責任出版社）
〒112-0005　東京都文京区水道1-3-30
TEL 03-3868-3275　FAX 03-3868-6588
装　幀　藤山めぐみ（PARADE Inc.）
印刷所　創栄図書印刷株式会社

ISBN 978-4-434-32864-0　C0030